Helmut Hubacher

Aktenzeichen CH

Helmut Hubacher

Aktenzeichen CH

Micheline,
Moritz,
Merz + Co.

Zytglogge

2. Auflage 2004

Lektorat Hugo Ramseyer
Satz und Gestaltung Zytglogge Verlag
Druck AZ Druck und Datentechnik GmbH, Kempten
ISBN 3-7296-0685-9

Zytglogge Verlag, Schoren 7, CH-3653 Oberhofen am Thunersee
info@zytglogge.ch · www.zytglogge.ch

Inhalt

Die 7 Departemente und ihre Chefs 71

Prolog
«Die Schweiz ist ein Kunstwerk»

Die Wähler haben entschieden. Deshalb ist Blocher Bundesrat. Die Wahlen vom 19. Oktober 2003 haben also etwas verändert.

Christoph Blocher tue sich schwer in seiner neuen Rolle. Heisst es. Das ist Quatsch. Der Mann ist ein begabterer Schauspieler, als Beobachter meinen. Blocher geniesst die Rolle. Er ist ein Überzeugungstäter. Das gibt Mumm. Blocher glaubt an seine Mission. Missionare sind unglaublich ausdauernd. Ihm ist in seinem Leben bisher so ziemlich alles gelungen. Er wüsste nicht, weshalb das nun anders werden sollte.

In den Medien ist er bereits nicht mehr Buhmann der Nation. Man geht pfleglicher mit ihm um. Auch in der Kritik. Ein Bundesrat ist nun mal eine Respektsperson, wie immer man zu ihm steht. Der Polemiker benimmt sich im Bundesrat kaum zivilisierter. Blocher ist ja nicht auf den Kopf gefallen. Aber zu meinen, er sei politisch milder geworden, wäre ein Irrtum. Er politisiert von einer anderen Plattform aus. Mit mehr Einfluss einerseits, weniger Alleinmacht anderseits. Er ist im Bundesrat einer von sieben. Auch wenn er zu den stärkeren gehört: Politische Gartenzwerge hat er nicht um sich. Wenn vier gegen ihn sind, ist er zu dritt allein.

Die vier FDP- und SVP-Bundesräte bilden weder ein homogenes Team noch eine verschworene Gemeinschaft. Das ist nicht nur tröstlich. Das ist gut. Gut für das Land.

Zu Pascal Couchepin mag ein Satz genügen. Er hat von Politik und Staat eine andere Auffassung als Blocher. Eine völlig andere. Die ist mit der Absicht, den Staat zu entmachten, nicht kompatibel. Daran ändern Übereinstimmungen da und dort nichts.

Hans-Rudolf Merz wird von SVP-Nationalrat Christoph Mörgeli als ‹Totengräber des schweizerischen Bankgeheimnisses› beschuldigt. Weil er dem mit der EU ausgehandelten Schengen-Abkommen zustimmt. Der Finanzminister habe sich kaufen lassen, so Mörgeli. Mit einem Essen in Brüssel. Merz sei dort der angenehmen Stimmung erlegen. Das ist perfider als die Polizei erlaubt. Und dümmer auch.

Mörgeli ist Blochers politischer Verdingbub. Das zählt in der SVP-Hierarchie natürlich schon etwas. Ihn gleich zum Chefideologen zu ernennen, ist jedoch eine Überschätzung. Dazu fehlt ihm das Format. Chefideologe ist der Meister selber, der von gelehrten Schreibern wie dem literarisch talentierten Lästerer Mörgeli unterstützt wird. Der darf bellen. Beissen tun andere. Mörgeli haut also den Finanzminister Merz nicht um.

Aber vielleicht wird der Appenzeller vorsichtiger. Auch etwas distanzierter zur SVP. Denn selbst SVP-Präsident Ueli Maurer geht unfreundlich mit ihm um. Er habe «nie hohe Erwartungen» in Merz gehabt, behauptet er. Stimmt nicht. Die SVP-Abgeordneten haben am 10. Dezember Merz gewählt. Als verlässlichen Kumpel für die ‹Viererbande›. Es scheint, dass auf ihn nur bedingt zu zählen ist. Das überrascht nicht. Der neue Finanzminister ist relativ unberechenbar.

Merz reitet ein Steckenpferd: Sparen.

Beim Regionalverkehr z. B. sollten die Bundesbeiträge um 60 oder 90 Millionen Franken gekürzt werden. Das träfe mitten ins Herz. Der öffentliche Verkehr, ÖV, ist eine politische Philosophie. Zwar fährt praktisch jeder Erwachsene Auto. Aber auch Bahn. Nach den Japanern am zweitmeisten überhaupt. ÖV ist nicht nur die Paradelinie Zürich–Bern–Genf. Oder Basel–Luzern–Lugano. Oder St. Gallen–Zürich. Die Bahn fährt auch in abgelegenen Regionen. Moutier–Solothurn, Schaffhausen–Rorschach, Yverdon–Payerne–Kerzers. Sogar auf das Jungfraujoch fährt eine Bahn. Auf Schienen, nicht als Luftseilbahn. Und das Postauto bedient das höchstgelegene Bündner Dorf Lü, ein Dorf mit ein paar Dutzend Einwohnern.

Die städtischen Agglomerationen ersticken zwar fast im Verkehr. Sie vor allem bräuchten Bundeshilfe. Aber die abgelegenen Regionen hatten Vortritt. Verkehrspolitisch ist das paradox. Staatspolitisch dafür klug.

Minderheiten sind verletzlich. Sie brauchen die Unterstützung der Mehrheit. Und das sichere Gefühl, nicht als minderwertig behandelt zu werden. Das hat die Politik bei uns hervorragend hingekriegt. Im Umgang mit Minderheiten ist die Schweiz vorbildlich.

Verkehrspolitik ist auch Gesellschaftspolitik. Wenn das Postauto nach Lü mangels Geld aus ‹Bern› ausfällt, trifft das zwar nur wenige. Aber es beschädigt den Nimbus der Schweiz. Es gehört zu unserer politischen Kultur, die Bewohner in abgelegenen Regionen an allem, was Service public betrifft, teilhaben zu lassen. Das gilt für die Post, Swisscom, Schulen, Spitäler und auch den ÖV. Wenn wir uns das nicht mehr leisten können oder wollen, verliert die Schweiz ein Stück ihrer Identität. Ihrer Seele dazu, denn Lü ist überall in der Schweiz.

Sparen ist nicht allein Buchhaltung. Das Postauto nach Lü fährt nur ein paar Mal im Tag. Aber es fährt. Es gibt den Bewohnern die innere Zufriedenheit, nicht vergessen zu werden. Ihnen die zu nehmen, ist sparen an dem, was wir Heimat nennen.

Was spielt Samuel Schmid für eine Rolle? Ist auch er ein Staatsabbauer?

Schmid ist ein SVP-Politiker aus dem Kanton Bern. Wenn es eine bernische Staatspartei gibt, dann die SVP. Sie ist weitaus einflussreicher, mächtiger, staatsbewusster als die SP. Schmids Staatsverständnis müsste ein anderes sein als das von Blocher, der im Kanton Zürich gegen den Freisinn angetreten war. (Gegen die herrschende Partei dieses Kantons.) Die Berner SVP hingegen übt sie aus, die Macht, aber nur, solange der Staat des Standes Bern nicht auf der Intensivstation ums Überleben kämpft.

Gilt für den Bundesrat Samuel Schmid eine andere Doktrin?

Immer wieder erinnert er sich an die Erkenntnis: ‹Wer gradlinig ist, weicht von der Parteilinie ab.›

Die zwei SP-Bundesräte sollten nach Plan B (Blocher) unter Quarantäne gestellt werden. Sie wären entbehrlich. Die Viererbande sollte ja den ‹Laden schmeissen›. Joseph Deiss hätte mitmachen können oder ebenfalls zuschauen müssen.

Weil es aber im Bundesrat nach wie vor wechselnde Mehrheiten gibt, bleiben SP und CVP im Spiel. SP-Bundesräte sind das schlechte soziale Gewissen der bürgerlichen Rechten. Es mahnt sie, ihre Politik für die ‹da oben› nicht auf die Spitze zu treiben.

P. S.:

Schon 1978 hatte der damals einflussreiche Zürcher FDP-Nationalrat Ernst Bieri wichtige Zusammenhänge erkannt: «Es gibt keine vermögende Schicht ohne arbeitende Bevölkerung.» Ohne diese ‹arbeitende Bevölkerung› würde das System kollabieren.

Aufgabe der SP ist es, die Marktwirtschaft sozialverträglich zu machen. Der Österreicher Günther Nenning hat deshalb Recht, wenn er sagt, Rechte und Linke seien Komplizen. Darin liegt der Sinn der ‹Zauberformel›.

Wer sie sprengen will, lehnt die Politik des Ausgleichs ab. Ist gegen die Solidargesellschaft. Will die alleinige Macht. Das würde gefährden, was der deutsche Hochschulprofessor in St. Gallen, der frühere SPD-Generalsekretär und Bildungsminister Peter Glotz, so schön formuliert hat: «Die Schweiz ist ein Kunstwerk.»

Zu diesem Kunstwerk haben viele beigetragen. Was den politischen Anteil betrifft, ist er ein Gemeinschaftsprodukt. Und zwar von Bürgerlichen und Sozialdemokraten. Vom Bürgertum wie der politischen und gewerkschaftlichen Linken. Wer diesen ‹Pakt der Vernunft› aufkündigen möchte, sollte bedenken, was verloren ginge. Eine weltweit einmalige politische Kultur.

Die Uhr schlägt. Alle.

Menschen in meiner Sprechstunde

Das grosse Tier

Die Arzt- oder Zahnarztpraxis kennen wir.

Ich führe meine ‹Praxis›.

Auf die Idee, sie zu ‹eröffnen›, brachten mich besondere Umstände.

Mit 27 hatte ich meine Stelle bei den SBB gekündigt, weil ich Gewerkschaftssekretär beim VPOD (Verband des Personals Öffentlicher Dienste) Basel wurde.

Mein Vorgänger war entlassen worden. Er hatte das Personal der Basler Verkehrsbetriebe betreut, die Trämler, wie wir in Basel sagen, und galt in der Stadt als ‹grosses Tier›; Grossrat, Präsident da, Präsident dort, bei jedem Anlass dabei.

Aber ob so viel Betriebsamkeit vergass er eines: die Alltagssorgen des Einzelnen. Die Trämler-Kollegen beklagten sich folglich zunehmend, ihr Sekretär habe für alles Mögliche Zeit, nur nicht für sie, und ihr Obmann wollte mit ihm reden.

«Er ist soeben fortgegangen», teilte ihm die Angestellte auf dem Sekretariat mit gequälter Unschuldsmiene mit. Der Obmann fluchte still vor sich hin: «Immer das Gleiche – jetzt reichts!» Er schrieb etwas auf einen Zettel und wollte den im Büro des Sekretärs ablegen. Da traf ihn fast der Schlag: Der so oft Vermisste lehnte lässig im Stuhl, die Beine auf dem Tisch, und las Zeitung. Der Rest ist schnell erzählt.

Die «Scheichen auf dem Tisch» machten in den Basler Trams und Bussen die Runde. So viel Arroganz überstieg die Geduld des letzten Wagenführers.

An einer ausserordentlichen Generalversammlung fällten die Kollegen – Frauen arbeiteten damals bei den Verkehrsbetrieben keine – das Urteil: fristlose Entlassung.

Vom hohen Ross herab hatte mir der schmählich Entlassene schon früher mal geklagt, alle kämen mit «jedem Seich» zu ihm. Er sei Gewerkschaftssekretär und nicht Gouvernante. Das war sein Irrtum. Gewerkschaftsarbeit besteht nicht nur aus den so genannt grossen Problemen. Das einzelne Mitglied misst den Wert der Gewerkschaft daran, ob und wie sie ihm hilft, wenn es sie braucht. Persönlich.

Dafür ist meine Sprechstunde da.

Leute telefonieren, schreiben, besuchen mich. Ich werde auf der Strasse, im Zug und Tram angesprochen, und wenn nötig, machen wir einen Termin ab, in meiner ‹Praxis›, eben: wenn Sprechstunde ist.

Politik erschöpft sich nicht darin, schöne Reden zu halten, Sitzungen zu absolvieren, Dossiers zu studieren und sich über alles Mögliche zu informieren. Der Politiker ist privilegiert zu reden, wenn andere schweigen müssen. Um beispielsweise ihre Stelle nicht aufs Spiel zu setzen. Er ist ein Beistand, wenn Leute Hilfe brauchen.

Im Folgenden möchte ich ein paar Fälle aus meiner Sprechstunde erzählen. Einige liegen schon länger zurück, andere sind recht aktuell.

Der Hurrlibueb

Es geht um Sämi, den Berner Oberländer. Genau gesagt kommt er aus Frutigen, und irgendwann hat es ihn nach Basel verschlagen.

Sämi arbeitete bei den Basler Verkehrsbetrieben als Schienenputzer. Diesen Job gibt es schon länger nicht mehr. Heute wird mit Schienenfahrzeugen gereinigt. Sämi hingegen putzte noch von Hand und zu Fuss, mit einem speziellen Putz-Gerät. Und der kleine Mann – Sämi mass höchstens 155 Zentimeter – schaute drein, als ob die Verkehrsbetriebe ihm gehörten.

Aber eines Tages stand Sämi in meiner ‹Praxis› und beklagte sich bitter. Nicht über den Arbeitgeber, nein, über seine Frau. Das kam so:

Ende Monat wurde damals der Lohn noch bar ausbezahlt.

Am Zahltag gehe er mit Kollegen immer «einen schnappen», vernahm ich, das hiess, noch ein Bier trinken. Da komme er halt dann eine Stunde später heim als sonst. Und deshalb hatte Sämi ein Problem. Ein schmerzhaftes erst noch.

Seine Frau nämlich war mit diesem «Lotterleben», wie sie Sämis Abstecher in die Beiz verurteilte, gar nicht einverstanden, und es setze, gestand Sämi, jedesmal einen fürchterlichen Krach ab.

Wäre es dabei geblieben, hätte Sämi mich wohl nicht besucht, und was er mir berichtete, mochte ich anfänglich gar nicht glauben.

Mit dem Donnerwetter war der Sturm für Sämi nämlich nicht vorbei. Seine Frau verpasste ihm nun in letzter Zeit auch eine gehörige Portion Prügel. «Ich bekomme», gestand er kleinlaut, «richtig auf den Ranzen.»

Nun war ich gwundrig geworden.

Ich wollte sicher sein, ob mir der Schienenputzer nicht doch einiges unterschlagen hatte.

«Du gehst wirklich nur am Zahltag ‹einen schnappen› und nicht jeden zweiten oder dritten Abend?» Sämi schwor: «Nein, nur am Zahltag».

Und Sämis Frau? «Du sagst mir, sie gebe dir Prügel. Ist denn deine Frau so viel stärker als du?»

Allein diese Bemerkung muss für ihn peinlich gewesen sein. «Du siehst mich ja», meinte er, «ich bin kein Athlet. Meine Frau ist viel grösser und kräftiger. Ich habe gegen sie keine Chance. Wenn sie zuschlägt, fliege ich wie ein ‹Hurrlibueb› unter den Schüttstein.»

Heilanddonner, dachte ich, das ist ja furchtbar.

Ich bat Sämi, nochmals zu kommen, dann aber mit seiner Frau.

Und zu meiner nicht gelinden Überraschung standen die beiden schon am nächsten Tag in meinem Büro.

Sämi hatte nicht übertrieben. Da waren Fliegengewicht und Schwergewicht zusammengekommen.

Frau Sämi kam ohne Federlesen zur Sache. Sie bestätigte den Sachverhalt, wie ich ihn kannte. «Einmal ist keinmal!», deklamierte sie und: «Das dulde ich nicht!», doppelte sie nach.

Ein Psychologe würde in einem solchen Fall nun wohl Seelenforschung betreiben. Ich bin nur Politiker ... bei dem Menschenkenntnis allerdings dazugehört. Mein Instinkt signalisierte: Eigentlich wäre die Frau gutmütig, und so begann ich herumzufragen, um vielleicht den Auslöser ihres Verhaltens zu finden. Ich erkundigte mich nach ihrer Ehe, nach Kindern, nach diesem und jenem. Dann glaubte ich, einen Anhaltspunkt lokalisiert zu haben.

Es gibt die bösen Schwiegermuttergeschichten. Die meisten sind erfunden. Die von Sämi nicht. Aber ich greife vor.

Das ungleiche Ehepaar lebte ohne Kinder in einer 3-Zimmer-Wohnung. Zusammen mit Sämis Schwiegermutter. Deren Einfluss auf ihre Tochter, das spürte ich rasch, offensichtlich das zulässige Mass überstieg. Auf Kosten von Sämi, wie wir wissen. Irgendwann während des Gesprächs nämlich liess seine Frau die Bemerkung fallen: «Vielleicht wäre eine Trennung von der Mutter das Beste.» Voilà, das Stichwort!

Sämi, seine Frau und ich einigten uns dann schnell auf dieses «Vielleicht». Ich half beim Suchen einer Wohnung. Die alte Dame sollte in der jetzigen bleiben dürfen.

Weit weg vom alten Quartier fand ich für die beiden eine neue Bleibe.

Ein paar Monate später begegnete ich Sämi beim Schienenputzen. Gut gelaunt begrüsste er mich. Es sprudelte nur so aus ihm heraus: «Hulda und ich haben es nun gut miteinander. Wenn ich ehrlich bin, hat sie es ja mit mir auch nicht gerade leicht. Ich bin nun mal kein Kranzschwinger. Verdienen tue ich zwar recht, aber grosse Sprünge liegen nicht drin. Dafür geht jetzt Hulda stundenweise arbeiten. So reicht es hie und da für ‹öppis Extras›. Vorletzten Sonntag machten wir einen Ausflug mit der Jungfraubahn. Herrgott, ist das schön dort oben!»

Sämi war richtig aufgekratzt. Seine Lebensqualität hatte sich offensichtlich enorm verbessert. Problemlos durfte er nun auch mit den Kollegen ‹einen schnappen› gehen.

Ich wollte mich verabschieden. Sämi grinste verschmitzt, mit einem Hauch fatalistischer Heiterkeit. «Salü», sagte er. «Und Dankeschön. Jetzt bekomme ich nicht mehr auf den Ranzen.»

Ich weiss, fast immer geht es um geschlagene Frauen, um Gewalt der Männer. Aber ich suche mir die Geschichten in meiner Sprechstunde nicht aus. Die schreibt das Leben.

Die nächste bitte.

Der Fachidiot

Am Telefon meldete sich ein Professor. Nennen wir ihn Haberthür. Er brauche einen Anwalt und bitte mich darum, ihm dabei zu helfen.

Professor Haberthür arbeitete in der Forschung eines Basler Chemiekonzerns. Daneben lehrte er an der Universität in Mailand. Den Anwalt benötige er wegen eines Patentstreits. Im Klartext: Der Mann hatte eine Erfindung gemacht und fand, sie werde ihm nicht angemessen honoriert.

Lange überlegte ich nicht. Ich empfahl ihm als Anwalt Andreas Gerwig, ein Freund von mir, Jurist und damals noch Nationalrat. «Wer ist das?», fragte er. Ich weiss nicht, ob ich verlegen hüstelte oder leer schluckte. Herr Haberthür muss das gemerkt haben: «An

Ihrer Reaktion spüre ich, dass ich diesen Namen eigentlich kennen müsste. Aber wissen Sie, Sie haben einen klassischen Fachidioten am Apparat. Ich bin auf meinem Gebiet eine international anerkannte Kapazität, das darf ich ohne zu übertreiben sagen, aber sonst weiss ich nichts, weder über Politik, Wirtschaft, Sport, Recht oder was auch.»

Immer mal was Neues. Mit einem Fachidioten hatte ich bisher noch nie zu tun.

Das Schlimme sei, meinte der Professor, dass man mit diesem Titel für allwissend gehalten werde. Dabei sei er derart mit seiner Forschung beschäftigt, dass für andere Bereiche schlicht keine Zeit übrig bleibe.

Mich interessierte, wie er überhaupt auf mich gekommen war. «Ganz einfach, ich habe den Präsidenten der Betriebskommission gefragt», verriet er.

Gute Leistung – für einen Fachidioten.

Später vernahm ich von Andreas Gerwig, Haberthür habe meinen Rat befolgt. Um was es dabei konkret ging, behielt er für sich. «Anwaltsgeheimnis», so die knappe Auskunft. Immerhin fütterte er meine Neugier mit der Bemerkung: «Ein happiger Fall.»

Persönlich kennen gelernt habe ich den Professor nie.

Der nächste Fall.

Das Parkverbot

Ich war bei der SP Worb als Referent eingeladen.

Bei solchen Anlässen erscheine ich lieber eine Stunde zu früh als fünf Minuten zu spät, weil ich kein Mann der letzten Minuten bin. (Ich hatte einen Freund, der mit der Präzision einer Omega-Uhr 30 bis 60 Sekunden vor Zugsabfahrt einstieg und erstaunlicherweise den Zug kaum einmal verpasste. Dieser Last-Minute-Kitzel wäre mir zu anstrengend. Ich habe es lieber gemütlich. Damit es noch zu einem Espresso reicht.)

Zurück nach Worb. Eine halbe Stunde vor Versammlungsbeginn war ich im Saal, und es wurden spannende 30 Minuten daraus.

Ein älterer, recht munterer Mann kam nämlich auf mich zu und stellte sich vor: «Tschaggelar.» – «Wie bitte?» – «Tschaggelar.»

Ein geläufiger Name ist das ja gerade nicht. Als er merkte, dass mir sein Name noch immer fremd war, ging er in die Offensive: «Hast du eigentlich im Nationalrat die ganze Zeit geschlafen?», forderte er mich heraus, und dann legte er los: «Ich habe an den Gemeinderat von Worb, an den Regierungsrat des Kantons Bern, an den Bundesrat und an die Petitionskommission des Nationalrats geschrieben. Ich habe mein Anliegen begründet, rechtlich sattelfest mit den entsprechenden Paragrafen belegt und bin immer nur abgewimmelt worden. Entweder sitzen in den Behördegremien überall Idioten oder Unfähige und Volksverräter statt Volksvertreter ...»

Tschaggelar brauchte eine Verschnaufpause.

Das war meine Chance, ihn zu unterbrechen. Ihm beizubringen, dass ich weder Gemeinderat, Regierungsrat, Bundesrat noch Mitglied der Petitionskommission sei. «Ich habe daher von all den Eingaben null Ahnung und weiss gar nicht, worum es geht.»

Das beruhigte ihn überhaupt nicht.

Seine Petition sei doch im Plenum des Nationalrats behandelt worden, also müsste ich auf dem Laufenden sein! Und er folgerte, ich hätte halt die Akten nicht studiert, sei auch ein so liederlicher Politiker, der nur das Taggeld kassiere ...

Nun muss man wissen, Petitionen werden im Plenum selten diskutiert. Eigentlich nur dann, wenn sie umstritten sind oder ein Gegenantrag zum Vorschlag der Kommission vorliegt. Und das ist die ganz seltene Ausnahme.

Nach weiteren wüsten Tiraden willigte Tschaggelar ein, mir endlich zu sagen, um was es bei dieser Staatsaffäre ging. Gespannt war ich schon. Überrascht dann ebenso.

Er kämpfte für ein Parkverbot auf der Zufahrt zu seinem Haus. Die misst ziemlich genau 15 Meter. Selten zwar, aber gelegentlich halt doch stelle «so ein Lümmel» sein Auto, Velo oder den Töff ab. «Das regt mich saumässig auf», echauffierte sich der Alte.

Der Clou des Ganzen: Tschaggelar feierte so etwas wie ein Jubiläum. Sein Kampf dauerte nun schon 20 Jahre. So lange also stand er im administrativen Einsatz, bombardierte er die verschiedensten Ämter mit Eingaben. Und er dachte nicht daran, damit aufzuhören.

Fragen Sie mich nicht, weshalb nur so ein schönes, kleines Parkverbot den selbst ernannten Bürgerrechtler hätte zufrieden stellen können. Oder, umgekehrt überlegt, aus welchen rechtlichen Gründen auch immer das Parkverbot verweigert wurde. Ich weiss es nicht. Vermutlich prallten behördliche Willkür mit der Sturheit des Bürgers Tschaggelar frontal zusammen. Und auf der Strecke blieb irgendwo die Vernunft.

«Ich gebe nicht auf», gab sich Tschaggelar wieder mal einen Mupf, und er überreichte mir ein grosses Couvert mit der Bitte, die Unterlagen endlich mal zu studieren. «Damit du mich gegen diese Banditen unterstützen kannst.»

Die Unwichtigkeit des Streitobjekts war mir längst bewusst geworden. Aber immer noch suchte ich danach, woher der alte Mann die Motivation nahm, sich mit den Behörden dermassen anzulegen. Vermutlich hatte er sich in seine eigene Kampfrhetorik verliebt.

Nach der Versammlung erwischte er mich auf unnachahmliche Art auf dem linken Fuss. Mit dem Geständnis nämlich: «Weisst du, dieser Kampf hält mich fit.» Stinkfrech lachte er mich an – oder aus.

Das war der Grund:

Tschaggelar brauchte nicht Hilfe, sondern Zuhörer. Und ich war wieder einer, der seine Geschichte noch nicht gekannt hatte.

Das passiert mir oft. Zuhören gehört zur Therapie. Tschaggelars Marathonlauf gegen die Behörden ist sein Gesundheitssport.

Beim Adieusagen bemerkte er wie zufällig: «Übrigens, ich bin 90.»

Wie er das kommunizierte, war unüberhörbar: «Gell, das hättest du nicht gedacht.» Stimmt. Ich hatte ihn so um 65, höchstens 70 geschätzt. Selten bin ich einem so vifen 90-Jährigen begegnet.

Zehn Monate später bekam ich Post von Tschaggelar. Er schickte mir die Kopie seiner neusten Eingabe. Diesmal an den Regierungsrat des Kantons Bern: ‹Betrifft Parkverbot für die Zufahrt zum Haus.› Im Begleitbrief bat er mich um Unterstützung. Er tat das mit den üblichen Schlötterlingen. Auch ich kam nicht ungeschoren davon. Er erwarte von mir, las ich, eine Wiedergutmachung, nachdem ich bisher zu faul gewesen sei, mich um seinen Fall zu kümmern.

Die Sprechstunde ist, wie das Beispiel zeigt, überall. Im weitesten Sinn geht es um Lebenshilfe, die von einem Politiker mit etwas Einfluss und Erfahrung halt erwartet wird.

Für mich sind diese Begegnungen der spannendste Teil meiner politischen Arbeit. Und Typen wie Tschaggelar bleiben unvergesslich.

Renés Hütte

Es läutete.

Draussen stand ein Mann, der aussah, wie man sich einen Seeräuber vorstellt: offene Beinprothese, kaputte Hand, struppiges Haar. Ich erkannte ihn erst auf den zweiten Blick. «Jesses, das ist doch der René», merkte ich. Ich hatte ihn vor etwa 20 Jahren zum letzten Mal gesehen. Nun stand er unerwartet plötzlich vor mir.

René geht jetzt auf die sechzig zu.

Sein Leben ist früh verpfuscht worden. Nach der Lehre arbeitete er in Köln in einem Herrenmodegeschäft. Zuletzt als Geschäftsführer. Der junge Mann war ein überdurchschnittlich begabter Verkäufer. Seine Karriere hatte gut begonnen.

Dann jedoch musste er ins Spital und wurde am Arm operiert. An sich sah der Fall harmlos aus. Aber die Operation misslang. René verliess das Spital mit einem halbwegs gelähmten Arm. Dem Arzt war, wie man in der Fachsprache sagt, ein ‹Kunstfehler› unterlaufen.

Es kam noch schlimmer für René. Weil er von einem von der Fahrbahn abgekommenen Auto schwer verletzt worden war, verlor er ein Bein. Zudem wurde die Hand am bereits lädierten Arm zerquetscht. Der noch nicht 30-Jährige musste sein Leben als Frühinvalider fortsetzen.

Der medizinische Kunstfehler blieb für den Arzt und das Spital ohne Folgen.

René hatte mich damals öfters konsultiert. Ich spürte seine seelischen Auf und Abs. Da sich Versicherungsgesellschaften bekanntlich nicht freiwillig melden und eine Genugtuungssumme anbieten, musste – auch hier – Andreas Gerwig als Anwalt eingeschaltet werden. In jahrelangen Verhandlungen schloss er einen Vergleich ab … der brachte René die Gesundheit zwar nicht zurück. Zumindest aber bekam er materiellen Rückhalt.

Dann habe ich René aus den Augen verloren.

Mal war er auf dem religiösen Trip, wie ich vernahm, mal lebte er mit anderen Gutmenschen zusammen. Wenn ich ihn zufällig traf, fiel mir seine scheinbar unbeschwerte Zufriedenheit und Seligkeit auf. René lebte in einer anderen Welt. Nur so ertrug er wohl das eigene Sein.

Und jetzt?

Seit über zehn Jahren lebt René nun in einer Hütte, am Rande des Dorfes Nods im Südjura. Der Raum misst vier mal vier Meter. «Ich habe alles in greifbarer Nähe, das ist ideal. Mehr Platz brächte nur mehr Stress», meint er. René ist ein Einsiedler geworden. Die Hütte ist sein Zuhause. Nun soll sie abgerissen werden. Deshalb seine Angst. Angst vor der Zukunft.

René redet von «meiner Hütte». Für ihn ist unvorstellbar, sie verlassen zu müssen. Aber er hat keinen Mietvertrag. Er war bisher nur geduldet. Formal hat er keinen Rechtsanspruch. Das macht es so schwer, ihm zu helfen.

Bevor er zu mir kam, erkundigte er sich bei verschiedenen Amtsstellen, und die Auskunft lautete immer gleich: Kein Vertrag, kein Rekurs.

Ich wandte mich an die zuständige Regierungsstatthalterin in La Neuveville. Sie kannte den Fall.

René ist auch ein Fantast. Er hat zum Beispiel auf das Auszahlen der IV-Rente verzichtet. Wenn einer sie zugute hätte, dann er. Das von der Versicherung zugesprochene Geld liegt auf der Bank. Der Zinsertrag reiche ihm, sagt René. Nur einmal hat er ein paar tausend Franken abgehoben. Für das Auto, sein einziger Luxus.

Wie Renés Hütte zu retten wäre, ist mehr als unsicher. Wahrscheinlich nicht. Der Fall ist noch pendent. Ich befürchte sehr, René würde den Verlust nicht mehr verkraften.

Während ich diese schäbige Geschichte schreibe, hat René noch nicht verloren, noch weniger gewonnen. Ich könnte heulen. Es geht um so wenig und für René um so viel. Er ist ohne Mietvertrag und deshalb ohne Recht.

Rechtsstaat hat wenig mit Gerechtigkeit zu tun.

Die Ohnmacht im Mailänder Bahnhof

Der nächste Fall ist von heiterem Ernst. Eine Grossmutter aus dem Osten der Türkei inszenierte im Bahnhof Mailand einen phänomenalen Auftritt.

Hüseyin war besorgt. Deshalb suchte er meinen Rat.

Seine Grossmutter, 83, wollte ihn in Pratteln besuchen.

Er war vor vielen Jahren in die Schweiz ausgewandert, fand hier Arbeit, gründete eine Familie, bekam die Niederlassung. Für Grossmutter war Hüseyin immer ihr Bub. Den wollte sie nun besuchen und noch einmal sehen. Und seine Kinder natürlich.

Grossmutters Reise in die Schweiz war ihr grosses Abenteuer. Für sie hätte eine Weltreise nicht mehr Aufregung gebracht. Sie sprach nur Kurdisch, war noch nie in Ankara oder Istanbul, geschweige im Ausland. Und war 83-jährig. Wer von uns würde in diesem Alter allein nach Diyarbakir reisen, eine im Osten der Türkei gelegene Stadt? Eben.

Grossmutters waghalsige Bahnfahrt fand in Chiasso ein abruptes Ende. Die Schweizer Zöllner liessen sie nicht einreisen. Sie wurde zurück nach Mailand geschickt. Und entschloss sich für einen zweiten Versuch. Mit dem gleichen Ergebnis. Wieder stand Grossmutter im Mailänder Bahnhof, während am anderen Ende der Grenze Hüseyin auf ihre Ankunft wartete.

Grossmutter hätte ihrem Bub gerne telefoniert. Nur: Wie das anstellen in einer fremden Stadt?

Sie löste das Problem auf ihre Art. Die alte Frau legte sich mitten im Bahnhof einfach auf den Boden und mimte die Ohnmächtige. Dann geschah, was sie gehofft hatte. Die Sanität kam herbeigeeilt und transportierte sie ins Sanitätszimmer. Von dort aus konnte sie endlich ihrem Buben telefonieren. Der dann zu mir kam.

Der Rest war einfach. Ich konnte mit ‹Bern› das Missverständnis auflösen. Der Zoll hatte die Einreisende zurückgewiesen, weil er meinte, sie wolle ein Asylgesuch einreichen. Da aber nun klar war, dass die Grossmutter lediglich eine Visite machen wollte, gab es sofort grünes Licht für die Weiterreise nach Basel.

Der Einfall, im Mailänder Bahnhof ohnmächtig zu werden, um ans Telefon heranzukommen, war umwerfend.

Bei Hüseyin daheim begegnete ich dann der alten Kurdin.

Mich dünkte, hinter ihrem verwitterten Gesicht mit einer Haut wie aus Leder stecke ein verschmitztes Lächeln.

Drei Coiffeusen und die Evolution im Herrensalon

Eine junge Frau hatte angerufen. Sie sei in der Lehre als Coiffeuse und habe ein Problem.

Mit zwei Kolleginnen hatte sie in der Gewerbeschule den Auftrag gefasst, eine Arbeit zum Thema ‹Was hat sich in unserer Gesellschaft in den letzten Jahrzehnten geändert?› zu schreiben. Ob ich bereit wäre, mit ihnen zwei, drei Stunden zusammenzusitzen. Sie hätten einen Haufen Fragen, die ich bestimmt beantworten könne. Natürlich machte ich mit. Ich bin ja nicht umsonst älter geworden.

In solchen Fällen interessiert mich jeweils, wie man auf mich gekommen sei. Der Lehrer habe geraten: «Fragen Sie doch den Hubacher, der weiss Bescheid.»

Wir trafen uns im Bahnhofbuffet Basel.

Zum Einstieg bot sich die Arbeitswelt der drei Frauen an.

Ich erinnere mich noch genau, als mir die Haare zum erstenmal von einer Frau geschnitten wurden. Das dürften vierzig Jahre her sein. Im Herrensalon hatten bis anhin nur Männer gearbeitet. Eine Frau, die den Herrn Direktor rasiert hätte, wäre schlicht undenkbar gewesen. Das Rasiermesser gehörte in eine starke Männerhand, basta.

Inzwischen haben die Frauen den Herrensalon längst erobert, und wenn dort überhaupt noch Männer arbeiten, dann am liebsten als Chef. Die Löhne sind in dieser Branche bekanntlich nicht Spitze. Einer der Gründe, weshalb die Herren der Schöpfung den Coiffeurstuhl ihren Kolleginnen überlassen.

Apropos Stühle:

1963 war ich in den Nationalrat gewählt worden. Auf den 200 Stühlen sassen nur Männer. Das Frauenstimmrecht gibt es erst seit 1971. Und die bürgerlichen National- und Ständeräte bekleideten fast durchwegs in der Armee einen höheren Offiziersgrad. Wären die Herren in Uniform zu den Ratssitzungen erschienen, hätte das ausgesehen wie die Generalversammlung der Schweizerischen Offiziersgesellschaft.

Frauen haben den Rat farbiger, zivilisierter gemacht.

Als im Bundeshaus die Herrschaften noch allein das Sagen hatten, mussten sie zu den Sitzungen im dunklen Anzug erscheinen. So stand es im Reglement. Die Frauen stachen sie dann mit ihren bunten Kleidern sichtbar aus, denn neben ihnen sahen die Kollegen nun wie die grauen Mäuse der Nation aus, und das Reglement musste angepasst werden. Es heisst jetzt: «Die Mitglieder tragen im Rat eine schickliche Kleidung.» Schicklich bedeutet modisch. Damit fiel auch der Krawattenzwang. Die meisten tragen jedoch dieses Schmuckstück immer noch freiwillig.

Aus der Politik konnte ich aus dem Vollen schöpfen. Ich erzählte den drei Lehrtöchtern zum Beispiel von Veränderungen in der SP.

Als ich 1975 das Präsidium übernahm, befand sich die Partei fest in Männerhand. Von den 15 Mitgliedern der Geschäftsleitung waren 14 Männer plus eine Alibifrau. Wenn am Parteitag sich eine Frau zu Wort meldete, ging ein Raunen durch die Männerreihen. Die Genossen stiessen sich gegenseitig in die Rippen. Ihre Mimik verriet ungläubiges Staunen: «Da will eine reden.» Das gehörte ins Kapitel «Das gibt es doch nicht, eine Frau am Mikrophon!»

Brutal verändert hat sich die Arbeitswelt.

Ich gehöre zur privilegierten Generation. Wir glaubten früher, Arbeitslosigkeit werde es wohl nie mehr geben. Die Wirtschaft lief auf Hochtouren. Die Auftragsbücher quellten über. Wer die Stelle wechseln wollte, fand problemlos eine neue. Meistens mit noch mehr Lohn. Arbeitskräfte waren Mangelware. Deshalb holten die Unternehmer Ausländer ins Land, Fremdarbeiter genannt. Der Bundesrat musste die Bremse anziehen. Der Wirtschaftsmotor war heiss gelaufen, und wir beschlossen im Parlament ‹Massnahmen gegen die Überhitzung der Konjunktur›.

Und heute? Heute ist es nicht mehr selbstverständlich, eine Lehrstelle und später einen Arbeitsplatz zu finden. Und ältere Angestellte werden die Angst nicht los, vorzeitig aus dem Arbeitsprozess geworfen zu werden. Die Arbeitsplatzsicherheit ist weg.

Wir müssen uns an die Situation gewöhnen: Zyliss ist überall. Zyliss produziert seit Grossmutters Zeiten in Lyss Haushaltgeräte. Wer kocht, kennt die Marke. Nun wird die Produktion nach China verlegt. Aus zwei Gründen: China ist ein Riesenmarkt mit einer grossen Zukunft. Und die Löhne sind so tief, dass Unternehmer ihnen nicht widerstehen mögen.

Das Gespräch mit den drei jungen Frauen ging in diesem Stil weiter. Sie haben viele Anregungen mit in die Schule genommen. Denn das Thema ist unerschöpflich.

Senioren berichten gerne, wie gut es die heutige Jugend habe und wie hart die eigene gewesen sei. Sicher, der soziale Aufstieg war kein Zuckerschlecken. Nur: Wir hatten wenigstens Chancen dazu. Heute droht vielfach der soziale Abstieg.

Ich liebe solche Begegnungen. Es gibt nichts Befriedigenderes, als Erfahrung weiterzugeben. Das ist das eine. Das andere: Ich bleibe mit Jungen im Gespräch. Das bewahrt mich vor dem berüchtigten Altersstarrsinn.

Zeitzeuge

Ein ähnliches Rendezvous gab es mit einer Maturandin aus Weinfelden. Sie hatte für ihre Diplomarbeit die Besetzung von Kaiseraugst gewählt, mit der damals der Bau des Atomkraftwerks verhindert worden war. Die Besetzung begann am 1. April 1975, und nach gut zwölf Jahren hatte dann die Bauherrschaft endlich kapituliert. Die Schülerin befragte mich als Zeitzeugen.

Bei der eigentlichen Organisation des Widerstands hatte ich damals keine führende Funktion inne. Politisch jedoch agierte ich als SP-Präsident aktiv mit. So konnte ich die Maturandin mit authentischen Informationen versorgen.

Der Historiker Thomas Buomberger arbeitete an einem Buch über die Ausländerfrage. Politisch wurde die erstmals mit der so genannten Schwarzenbach-Initiative brisant. Nationalrat James Schwarzenbach hatte als Präsident der Nationalen Aktion für Volk und Heimat diese erste Ausländer-Initiative lanciert. Das heisst, das erste Volksbegehren gegen die Ausländer. 1970 fand die Volksabstimmung statt. Es war eine der hitzigsten, polemischsten, verrücktesten politischen Auseinandersetzungen. Die Initiative wurde mit nur 54 Prozent Nein-Stimmen gegen 46 Prozent Ja-Stimmen abgelehnt, und das, obwohl fast die Hälfte der in der Schweiz arbeitenden Ausländer hätte ausgewiesen werden müssen. Davon betroffen wären fast ausschliesslich Italiener gewesen, die damals mit Abstand das grösste Ausländerkontingent stellten.

Thomas Buomberger kontaktierte mich als einer der letzten Politiker, der dabei war und damals an unzähligen Veranstaltungen gegen die Initiative kämpfte.

Und je älter ich als Zeitzeuge werde, desto häufiger kommen solche Anfragen.

(Das Buch von Thomas Buomberger ist 2004 erschienen: ‹Kampf gegen unerwünschte Fremde – von James Schwarzenbach bis Christoph Blocher›.)

Schiss vor der Prostata

Tapetenwechsel. Meine Sprechstunde wird verlegt. Samuel Stutz, der Fernseh-Doktor, gibt seine ‹Sprechstunde› am Bildschirm. Er hatte mir einen Deal vorgeschlagen.

Durch eine familiäre Indiskretion erfuhr er von meinem Prostataleiden, das bekanntlich ältere Männer plagt. Samuel Stutz schlug vor, er regle die möglichst schnelle Einweisung ins Spital, und ich würde dafür in seiner ‹Sprechstunde› erzählen, wie es war. Warum nicht, dachte ich. Das wenigstens wird nicht weh tun.

Mein Fall war in der TV-‹Sprechstunde› schnell erzählt: Operation gelungen. Vor, während und nach dem Eingriff keinerlei Schmerzen gespürt. Der Zahnarzt ist schlimmer. Schiss gehabt ohne Grund.

Schon am nächsten Tag schellte das Telefon. Ein Mann erkundigte sich, ob das, was ich im Fernsehen über die Prostata-Operation berichtet habe, auch wirklich stimme. «Ist sie tatsächlich schmerzfrei verlaufen?», wollte er von mir hören. Und er doppelte nach: «Hat es wirklich nicht weh getan?» Ich konnte ihn beruhigen: «Nicht geschummelt und keine Märchen erzählt.» – «Wissen Sie», meinte er, «bei mir ist es auch so weit, ich muss mich operieren lassen. Früher hörte man fürchterliche Schauergeschichten. Da sei einer bei dieser Operation vor Schmerzen fast verreckt.» Der Anrufer war von Beruf Polizeikommandant. Ein ‹harter Bursche› also. Der halt in gewissen Momenten auch nur ein schwacher Mann ist.

Seit meiner Fernseh-‹Sprechstunde› sind acht Jahre vergangen. Und noch immer werde ich manchmal darauf angesprochen.

Der letzte Anruf kam aus Sempach. Das Gespräch verläuft stets gleich. Die Vertreter des angeblich starken Geschlechts interessiert nur eines: «Ich habe in Erinnerung», meinte der Mann aus Sempach diplomatisch, «dass Sie gesagt haben, die Operation sei ohne grosse Schmerzen verlaufen. Habe ich Sie richtig verstanden?» – «Haben Sie», beruhigte ich einen weiteren Spitalkandidaten.

Die Rechnung von Samuel Stutz ist aufgegangen. Ich sollte als einer, der die Operation hinter sich hatte, potenziellen Patienten die Angst nehmen.

Gret, meine Ehepartnerin, hat schon immer behauptet, wir Männer seien wehleidiger als Frauen. Da ist was dran.

Jakob, der Jammeri

Jakob war am Telefon. Wieder einmal. Ich kenne ihn schon lange. Er ist ein Dauerkunde.

Jakob hat das Naturell eines gemütlichen Bären, aber er fühlt sich gerne ungerecht behandelt. Und wehrt sich im Zweifelsfall lieber zu früh als gar nicht. Man könnte auch sagen, er sucht sein Recht, wo es gar kein Unrecht gibt. Vor allem aber ist Jakob ein liebenswürdiger Jammeri.

Wenn Jakob mich ‹engagiert›, hat er vorher meistens schon ein halbes Dutzend Amtsstellen aufgesucht. Darauf kann ich mich verlassen.

Diesmal ging es um das EW, das Städtische Elektrizitätswerk. Er sei betrogen worden, behauptete er. Und verstärkte seine Stimme mit einer Portion künstlich geschürter Wut.

Ich schlug ihm einen Termin um 11 Uhr vor. In der Annahme, dass er um 12 Uhr zum Essen daheim sein müsse. Damit hielte sich die Aussprache zeitlich in einem vernünftigen Rahmen. Der Schlaue hatte jedoch den Mittagstisch auf 13 Uhr verschoben. Mit Jakob geht es halt nicht unter anderthalb Stunden.

Jakob erschien pünktlich. Wie immer mit einem Ordner. Darin hat er die meist umfangreiche Korrespondenz abgelegt. Allerdings nicht chronologisch und ordentlich, sondern nach System Durcheinander. Das war auch diesmal so. Neben EW-Briefen – wobei jedes Couvert aufbewahrt wird – heftete Jakob Zahnarztrechnungen mit Korrespondenz seiner Krankenkasse in den Ordner. Ein richtiges ‹Gnusch›. So ist er halt. Chaotisch, gutmütig und irgendwie doch spannend.

«Ich bin vom EW um 1237 Franken betrogen worden», so die trockene Anklage von Jakob. Dann schilderte er umständlich, wo er schon überall vorgesprochen hatte, ‹nuschte› ständig im Ordner herum und fand meistens nicht, was er suchte. «Da», rief er triumphierend, «ist der Rekurs an den Regierungsrat!»

Der Regierungsrat ist seine Lieblingsadresse. Schreiben an den Regierungsrat stärken Jakobs Selbstwertgefühl. Er wendet sich an die oberste Behörde auch dann, wenn diese mit der Sache nichts zu tun hat. «Für was wählen wir sonst eine Regierung?», rechtfertigt er seinen Amtsfimmel.

Meine Unterstützung brauche er, «weil die beim EW ihren Fehler nicht zugeben wollen». Dann redete und redete Jakob, suchte weiter im Ordner herum, fand nichts, und überhörte meine Frage, wenn sie ihm nicht passte. Ich nahm den Ordner an mich und fand die Antwort des Regierungsrates: «Rekurs abgelehnt.»

Diesmal war die für das EW zuständige Regierungsrätin tatsächlich Rekursinstanz gewesen. Aus der Begründung ging Jakobs Irrtum hervor. Das EW hatte ihm im Jahr 2001 irrtümlich keine Stromrechnung geschickt und das zwei Jahre später nachgeholt.

Jakob gab noch nicht auf. «Sie haben einen neuen Zähler montiert und ihn falsch eingestellt. Das heisst: zu hoch, deshalb bezahle ich zu viel.» Wie er das wissen wolle, fragte ich. «Ich sass auf der Kellertreppe und schaute dem Monteur zu.» – «Wie er den Zähler verstellt hat?» – «Direkt habe ich das natürlich nicht gesehen, dafür ging der Monteur viel zu raffiniert vor. Aber ich weiss es.»

In solchen Momenten ist ein resolutes Wort fällig. Das versteht Jakob. Nur das.

«Mein Lieber», begann ich, gar nicht lieb, «die zuständige Regierungsrätin gibt in ihrer Begründung den Fehler des EW zu, dir im Jahr 2001 keine Stromrechnung geschickt und den Betrag erst nachträglich eingefordert zu haben. Dafür ist dir die Hälfte des geschuldeten Betrags erlassen worden. Und was behauptest du? Du seist beschissen worden! Als du 2001 keine Rechnung vom EW bekamst, hast du schön geschwiegen. Wann wirst du endlich vernünftig?»

Jakob wechselte schnell das Thema. Er hatte noch weitere ‹Fälle› auf Lager.

Diesmal war der Nachbar dran. Er habe «Lämpen» mit ihm, holte Jakob zur nächsten Ungerechtigkeit auf dieser Welt aus.

Jakob wohnt im eigenen Haus. In der nachbarschaftlichen Zone entdeckte er eine Lücke. Es musste unbedingt eine kleine Trennmauer her. Warum? Ich verstand nur Bahnhof. Item, die Mauer wurde gebaut. Vom Sohn, der Maurer ist.

Jakob mimte den Empörten. Allerdings nur ein ‹bitzeli›. Das ist immer verdächtig bei ihm. Das Bauwerk kostete 900 Franken. Der Sohn habe einen Freundschaftspreis verrechnet, unterstrich Jakob.

Sein Problem: «Der Nachbar will sich daran nicht beteiligen.» Ich fand heraus, warum: Der Nachbar war weder in das Vorhaben einbezogen noch um Kostenbeteiligung gefragt worden. «Kein Mensch würde unter diesen Umständen bezahlen. Du auch nicht», wies ich ihn zurecht. Und solche Schläge steckt Jakob klaglos ein. Mit einer herrlichen Unschuldsmiene, die filmreif wäre.

Die Audienz konnte aufgehoben werden. Nicht bei Jakob.

Jetzt kam die Krankenkasse dran. Die weigere sich, seine Zahnarztrechnung zu übernehmen. «Wenn ich zum Zahnarzt muss, bin ich doch krank», versuchte er es. Ich erklärte ihm die Rechtslage: «Nein, Jakob, Zahnweh ist nach dem Gesetz keine Krankheit, sondern ein schmerzhaftes Übel. Dafür bezahlt die Krankenkasse nicht oder nur einen ganz geringen Anteil. Das weisst du im Übrigen genau.» Er wollte aufbegehren. «Ich habe jetzt Hunger», probierte ich ihn souverän abzufertigen. Aber zum Abschied zählte mir Jakob noch seine diversen Gebrechen auf: Er habe einen Elefantenfuss, eine kaputte Niere, ein angeschlagenes Herz sowie «saumässige Schmerzen im Rücken. Wahrscheinlich die Wirbelsäule», konstatierte er, und dies mit gebrochener Stimme. Wenn ich seine gesammelten Leiden so addiere, hätte ein gesundheitliches Wrack vor mir sitzen müssen. Statt dessen unterhielt ich mich mit einem gemütlichen Daddy, der mit seinen immerhin schon 75 Jahren unverschämt ‹zwäg› ist. Abgesehen von Beschwerden, die halt altersbedingt sind. «Karrosserieschäden», wie Jakob dann doch noch fröhlich meinte.

Jammeri Jakob hat mich zum Rendezvous gebeten, damit ich ihm zuhöre. Das ist seine Therapie. Kummerbuben brauchen das.

Jä nu. Auch dafür sind Politiker da.

Lobbying für die Wasserkraft

Der Diplom-Ingenieur erläuterte mir seine Idee, bestehende Wasserkraftwerke zu modernisieren, um die Strom-Leistung in der Schweiz zu erhöhen. Er nennt diesen Massnahmen-Katalog Retrofit-Programm. Wir trafen uns deswegen schon 1988.

Worum geht es? Bestehende Wasserkraftwerke sollen mehr Strom liefern. Das mit den gleichen Anlagen, ohne Um- und Neubauten, ohne die Umwelt zu belasten, ohne die Wassermenge zu verändern. Einzig die Turbinen und Generatoren müssten, wenn ich das begriffen habe, mit der neuen High-Technik optimiert oder, um es verständlicher zu formulieren, neu instrumentalisiert werden. Damit könne die Leistung um 25 bis 40 Prozent gesteigert werden, erklärt der Ingenieur, der in der Branche als Topfachmann gilt.

Das Bundesamt für Energie wäre bereit gewesen, dafür einen Planungskredit zu bewilligen. Doch dann kam alles anders.

BBC (Brown Boveri & Co) Baden war eines der letzten stolzen Flaggschiffe der schweizerischen Industrie. Ende der achtziger Jahre fusionierte die BBC mit der schwedischen Firma Asea zur ABB.

Noch vor der Fusion hatte BBC, aus unerfindlichen Gründen, das Turbinengeschäft aufgegeben. Dabei gehörten ihre Turbinen zur absoluten Weltspitze. Damit fiel das Retrofit-Programm vorläufig ins Wasser.

ABB hat aber inzwischen das Turbinengeschäft wieder ins Programm aufgenommen. Deshalb versucht mein Gesprächspartner einen zweiten Anlauf.

In der Schweiz gibt es an die 200 Wasserkraftwerke, 80 kämen, erklärte mir der Ingenieur, für eine Modernisierung in Frage, davon zwölf auf dem Rhein.

Der Retrofit-Mann möchte auf dem Rhein beginnen. In den zwölf Kraftwerken laufen 60 Turbinen. Die Optimierungskosten pro Turbine sollen sich auf drei, vier Millionen Franken belaufen. Die ‹Operation Rhein› würde demnach um die 200 Millionen Franken kosten. Ein Klecks im Vergleich zu den Milliarden für Autobahnen und Eisenbahntunnel.

«Heute investiert die schweizerische Elektrizitätswirtschaft vorwiegend im Ausland», ereifert sich der Ingenieur. «Mit dem Retrofit-Programm gäbe das für etwa 15 Jahre interessante Aufträge im Inland. Die nötigen Fachkräfte sind vorhanden.»

Das Konzept dünkt mich beachtenswert. Erstens würden einheimische Ressourcen ausgeschöpft, zweitens wäre es eine Alternative zur Atomlobby, die bereits wieder öffentlich von einem neuen Kernkraftwerk schwärmt.

Der Ingenieur hat mich aufgesucht, damit ich Verbindungen herstelle, die für ihn nützlich sind. Dem sagt man lobbyieren. Stimmt. Ich meine, für eine gute Sache.

Politik funktioniert halt so. Politiker nehmen gute Ideen auf und suchen Verbündete für die Umsetzung des Anliegens. Viele parlamentarische Vorstösse konnte ich nur machen, weil mir Bürger dabei geholfen haben.

Kein Politiker soll behaupten, ihm falle alles selber ein. Wer das tut, dem glaube ich nur, wenn er jahrein, jahraus in allen Landessprachen geschwiegen hat. Denn das wäre die Perfektion der politischen Nulldiät: Weder hätte er eigene Ideen, noch suggerierte ihm jemand eine.

Ob es solche Politiker im National- und Ständerat gebe, möchten Sie wissen.

Geschäftsgeheimnis.

Letzte Zugabe – Post aus Fribourg

Während ich an diesem Manuskript arbeite, trifft aus Fribourg Post ein. Ein Brief, der mich bewegt. Absender ist eine 60-jährige Frau.

Fast dreissig Jahre lang hat sie einen Kosmetikladen geführt und die Kinder allein aufgezogen, nachdem ihr Mann vorzeitig verstorben war.

Dann begann ein Hüftgelenk zu streiken. Es musste operiert werden. Der Arzt riet ihr, die anstrengende Arbeit im Kosmetiksalon aufzugeben. Sie hielt noch fünf Jahre durch und musste dann das Geschäft verkaufen. Damit verlor sie ihre Selbständigkeit. Nach langem Suchen fand sie eine Stelle, erlitt dort einen Arbeitsunfall, weshalb das Hüftgelenk ein zweites Mal operiert werden musste. Der Arbeitgeber kündigte ihr vorher. Und da sie erst elf Monate im Anstellungsverhältnis gearbeitet hatte, bekam sie keine Arbeitslosenunterstützung. Sie hätte mindestens zwölf Monate vorweisen müssen.

Seither lebt die Frau vom Ersparten.

Sie sucht eine neue Stelle, hat schon über hundert Bewerbungen geschrieben. Nur zehnmal bekam sie Antwort. Absagen natürlich.

«Ich habe mein Leben lang gearbeitet, und am Ende soll ich nun noch zum Sozialamt gehen», schreibt sie. Und bittet mich, ihr bei der Arbeitssuche zu helfen. Für eine 60-Jährige ein praktisch aussichtsloses Unterfangen.

Dabei muss es sich um eine tüchtige Frau handeln. Der Brief und die beiliegende Dokumentation sind in tadellosem Deutsch geschrieben.

Aber unsere Gesellschaft ist brutal geworden.

Ich befürchte, die Kunden in meiner ‹Sprechstunde› werden mir nicht ausgehen.

Traumjob Parteipräsident

Wie wird man Parteipräsident? Durch Zufall zum Beispiel.

Bei mir war das so.

Mein Vorgänger hatte lange einen Nachfolger gesucht. Ohne Erfolg. Durchaus fähige Kandidaten mussten aus zeitlichen oder beruflichen Gründen absagen. Können und Wollen allein sind eben nicht die einzigen Kriterien. Entscheidend kann sein, wer die nötige Zeit hat und hergibt. Zuletzt kontaktierte er auch noch mich.

Wer von mir etwas will, den lasse ich nicht lange zappeln, ich sage dezidiert ja oder nein. Präsident der Sozialdemokratischen Partei der Schweiz zu werden, bietet sich nicht oft. Also packte ich zu, obschon ich nur zweite Wahl war.

Am Parteitag stand ich als Einziger zur Wahl. Heute gälte das als undemokratisch. Belastet hat mich die Solonummer nicht. Ich neige ohnehin nicht dazu, mir unnötige Sorgen aufzuladen. Besser als keiner ist immer noch einer, sagte ich mir.

Offensichtlich muss ich ein überdurchschnittlicher Präsident gewesen sein.

Allerdings scheint sich das erst nach meinem Rücktritt herumgesprochen zu haben. Je länger die Präsidialzeit zurückliegt, umso schmeichelhafter fallen die Komplimente aus. Und jedes Jahr werde ich besser. Nostalgieglanz verklärt die Vergangenheit. Plötzlich soll ich alles richtig gemacht haben.

Was fasziniert an diesem Amt? Die Macht? Befriedigt es die eigene Eitelkeit, eine Hauptrolle zu spielen? Ist es der Ehrgeiz, Nummer eins in der Partei zu sein? Das spielt wohl alles mit. Für mich war etwas anderes ausschlaggebend.

Wenn ich schon Politik mache, dann habe ich als Parteipräsident viel mehr Möglichkeiten, sie zu gestalten, Akzente zu setzen, Taktik und Strategie massgeblich mitzubestimmen.

Wer mich fragt, warum ich in die Politik gegangen bin, dem antworte ich unentwegt das Gleiche: aus Leidenschaft. Politik ist mein Leben. So wie der Fussball für den FCB-Trainer Christian Gross. Um beim Fussball oder Eishockey zu bleiben: Headcoach der Mannschaft zu sein, ist eine Auszeichnung. Das ist in der Politik nicht anders.

Welches ist die wichtigste Eigenschaft für einen Präsidenten?

Er soll gerne Präsident sein. So einfach ist das. Wer darin nur Stress, Verdruss, Undank vermutet, soll es lassen. Wer sich zum vermeintlichen Opfergang nur widerwillig überreden lässt, ebenfalls. Warum sich unnötig plagen? Lassen wir Ehre, Vertrauen, Verantwortung und sonstige salbungsvollen Begriffe links liegen. Es genügt festzuhalten: Mir hat die Arbeit immer Freude gemacht.

Freude allein genügt natürlich nicht. Wer für den präsidialen Job im Gespräch ist, bei dem setzt man ein bestimmtes Mass an Kompetenz automatisch voraus.

Es ist auch wünschenswert (in der Politik allgemein, für das Präsidium speziell), nicht gerade die Mimose als Lieblingsblume ans Revers zu stecken. Denn Kritik gehört zum Geschäft. Berechtigte sowieso. Aber halt auch andere. Wer dünnhäutig ist und schnell beleidigt reagiert, tut sich den besten Gefallen, dieses Amt nicht anzunehmen.

Der Präsident ist eine Integrationsfigur. Wenn nicht, ist er die ideale Fehlbesetzung. Er muss nun mal den ‹Laden› zusammenhalten.

Bei Flügelkämpfen mahnte ich gerne mit dem Vergleich, es sei wahnsinnig mühsam, nur mit dem linken oder nur mit dem rechten Bein vorankommen zu wollen. Das gilt auch für die SP. Sie braucht beide Flügel, den rechten und linken. Das setzt allerdings ein starkes Zentrum voraus, das die beiden zusammenbringt.

Flügelkämpfe sind gelegentlich schrecklich eitle Veranstaltungen. Von Besserwissern, Rechthabern, ideologischen Haarspaltern.

Zur Kunst des Präsidenten gehört deshalb auch, den innerparteilichen Dialog im demokratischen Stil laufen zu lassen, ohne die Entscheidungsfähigkeit zu verlieren. Das geht am besten, wenn er im richtigen Moment mit angemessener Autorität interveniert, um dann einen mehrheitsfähigen Antrag zur Abstimmung zu bringen.

An meiner Abschiedssitzung nach 15 Präsidialjahren dankte ich vor allem den Unbequemen. Denen, die widersprochen haben, die anderer Meinung waren. Von ihnen musste ich lernen, dass der andere ja Recht haben könnte. Oder – auch das ist hilfreich – dass meine Argumente gestärkt aus der Diskussion hervorgegangen sind. Zuverlässige Ja-Sager hat es in jeder Organisation. Vielleicht sind es stille Helfer, brave Mitläufer. Vielleicht jedoch Opportunisten, die einfach am liebsten auf der Seite des Stärkeren sind.

Meine Erfahrung fasse ich so zusammen: Wenn es regnet und stürmt, lassen dich die Opportunisten im Regen stehen. Sie haben genug damit zu tun, ihre eigene Haut ins Trockene zu retten. Den Schirm bringt dir einer, mit dem du dich im Parteivorstand schon unzählige Male gestritten hast.

Und dann sind da noch die Vertrauensleute. Sie heissen so, weil ihr Vertrauen in die Partei fast grenzenlos ist. Sie sind zufrieden, wenn ‹die da oben› ihre Arbeit ordentlich verrichten. Denn sie möchten ein bisschen stolz sein können auf ihre SP. Vertrauensleute sind das Fussvolk. Ohne sie wäre die Partei verloren.

Helmut Schmidt: «Schon gesagt, absitzen»

Ein grosses Übel der Politik sind die vielen Sitzungen. In der Politik wird zu viel gesessen. Friedrich Schneider, Basler Legende aus dem Generalstreik von 1918, wählte dafür einen deftigen Vergleich: «An Sitzungen wird Politik mit dem ‹Fudi› gemacht, statt mit dem Kopf.»

Mir war bewusst: Der Präsident verwaltet das Zeitbudget von Leuten, die für die Partei ehrenamtlich arbeiten und volle Terminkalender haben. Mein Bemühen war es deshalb stets, Sitzungen nicht unnötig zu verlängern. Anders gesagt: Sitzungen in einem vernünftigen Zeitrahmen zu Ende zu bringen.

Es gibt Präsidenten – in Vereinen, Kommissionen, Gemeinden –, die einem das letzte Vergnügen vermiesen, deren Sitzungsleitung zur Strafe wird. Sie lassen jede Wiederholung, jeden Vielredner, jeden Leerlauf zu, aus Angst, eine Intervention könnte in den falschen Hals geraten. Sie meinen in ihrer Schwäche erst noch, das sei besonders demokratisch.

Ich durfte mal bei der SPD Baden-Württemberg an einer Parteivorstandssitzung in Stuttgart als Gast teilnehmen. Präsident war Erhard Eppler, bekannt als Entwicklungshilfeminister in der Regierung von Willy Brandt. Ich sass vorne neben Eppler und meinte, er habe einen übersehen, der stets vergeblich das Wort verlangt hatte. «Ich habe ihn schon gesehen. Er bekommt das Wort nicht. Und er weiss das auch. Das letzte Mal redete er so unverschämt lange, dass ich ihm die ‹rote Karte› zeigte. Er ist für drei Sitzungen gesperrt.»

Auch Helmut Schmidt war als Vorsitzender der SPD-Fraktion für seine straffe Sitzungsleitung berüchtigt. Begann einer sein Votum mit dem Satz «Ich bin mit meinem Vorredner einverstanden», wurde er von Schmidt gestoppt: «Absitzen! Was schon gesagt ist, braucht nicht wiederholt zu werden.»

Der andere Zuchtmeister hiess Herbert Wehner. Auch ihn erlebte ich in der Fraktion des Deutschen Bundestags live. Traktandiert war ein für Wehner unwichtiges Gesetz. Er wollte ohne Diskussion darüber abstimmen lassen, kam damit aber nicht durch. Als sich ein vierter Genosse erfrechte, reden zu wollen, reagierte Wehner bissig: «Da meldet sich noch so ein bedeutender Abgeordneter zu diesem bedeutenden Geschäft, er wird wohl ein bedeutendes Votum abgeben.»

Dann allerdings getraute sich keiner mehr, Wehner nochmal zu reizen.

«Was soll ich machen», meinte dieser, «ich muss die Geschäfte in drei Stunden durchhaben, sonst gibt es ‹fortlaufenden› Erfolg. Und dann bekomme ich mit den noch Anwesenden Zufallsentscheide.»

Diese deutschen Beispiele eignen sich nicht für uns Eidgenossen. Ein Redeverbot für drei Sitzungen wäre bei uns kaum denkbar. Umgekehrt wollte auch ich die Sitzungen effizient leiten. Ich hielt es deshalb für richtig, rechtzeitig den Tarif durchzugeben. Denn ich hatte eine Geschäftsleitung übernommen, die es für angemessen gehalten hatte, an den GL-Sitzungen vier bis sechs und noch mehr Stunden zu tagen.

Die GL-Sitzungen fanden jeden dritten Freitag um 14.30 Uhr in Bern statt. Die 15 Mitglieder kamen aus allen Richtungen angereist, hatten am Vormittag ganz oder wenigstens zum Teil noch gearbeitet. Die Sitzungstage der GL (Geschäftsleitung) verstiessen auf jeden Fall gegen die Normen des Arbeitszeitgesetzes. Da hatte es meiner Meinung nach schon seine Berechtigung, die Zusammenkunft nicht unnötig auszudehnen. Schon gar nicht in der SP, die sich für Arbeitszeitverkürzung einsetzt.

Ziemlich bald war mir auch ein anderes ‹Krankheitsbild› der GL klar geworden: Nicht wenige erschienen schlecht vorbereitet in Bern. Dieses Manko glaubten sie dann mit viel Reden kompensieren zu können. Da wurden z.B. Dinge gefragt, die in den Unterlagen gestanden hatten und nachzulesen wären.

Und einer war dabei, der fühlte sich berufen, zu praktisch jedem Geschäft seinen Senf liefern zu müssen. Bei dem zog ich bald die Notbremse: «Heute bekommst du das Wort nicht mehr.»

In einem Brief beklagte er sich dann bitter, was mir eigentlich eingefallen sei, ihn vor der gesamten GL dermassen zu blamieren. Auf vier Schreibmaschinenseiten hatte er sein verletztes Ego ausgeheult.

Bei einem Essen besprachen wir den Fall. «Keiner ist so wichtig», sagte ich, «dass er zu allem seine Meinung abgeben muss. Jeder soll sich auf das für ihn Wesentliche konzentrieren. Es braucht die Rücksichtnahme aufeinander, weil sonst ein Kollektiv lahmgelegt wird. Bescheidenheit heisst, sich selber nicht übermässig wichtig nehmen.» Und der letzte Trumpf: «Wer zu viel redet, sagt meistens wenig und wird als Massenplauderi nicht mehr ernst genommen.» Gilt auch heute noch.

Die Zurechtweisung kam an. Ich hatte den Tarif durchgegeben.

Redefreiheit ist für die SP natürlich etwas Selbstverständliches. Aber sie bedeutet nicht endlose Geschwätzigkeit. Freiheit bedeutet nicht Chaos. Mir ging es darum, mit der Ressource Zeit behutsam umzugehen und denen, die für die Partei schuften, nicht unnötige Stunden zu stehlen. Und die GL-Mitglieder spürten, mir ging es weder um persönliche Machtdemonstration noch wollte ich den harten ‹Hund› markieren. Jeder markiert auf seine Art.

Ich glaube, ein brauchbarer Vorsitzender geworden zu sein.

Pauschalurteile und ungleiche Gleichgesinnte

Politik und Politiker haben bei den Leuten einen schlechten Ruf. Bei Umfragen landen sie regelmässig weit hinten, und die Geschichten am Stammtisch sind nicht auszurotten: Nämlich, Politik sei ein richtiges Dreckgeschäft, Politiker würden nur für den eigenen Vorteil arbeiten.

Da ist leider viel dran. Filz und Korruption verpesten das politische Klima. Aber etwas anderes stimmt auch: Pauschale Verurteilungen sind immer ungerecht. Die Behauptung z. B., alle Richter seien parteiisch, ist so falsch wie die, alle Politiker seien Abzocker.

Komischerweise scheint das Vorurteil die Politiker selber kaum zu belasten. Ich mag mich nicht erinnern, im Bundeshaus einen darunter leiden gesehen zu haben. Wie ist das zu erklären?

Vermutlich ertragen Politiker das schlechte Image aus Überzeugung, jemand müsse doch den undankbaren Dienst am Land übernehmen. Eine Erklärung könnte auch sein, dass Politiker Meister darin sind, sich zu überschätzen und aus Negativem Positives herauszuholen.

Das Schmerzensgeld, die Parlamentarier-Gage, entschädigt jedenfalls kaum für das mangelnde Ansehen in der Gesellschaft.

In meinen ersten Parlamentsjahren vergütete die Eidgenossenschaft für einen Tag Arbeit im Nationalrat 60 Franken, später dann 90. Essen und Übernachten im Hotel inbegriffen. Die Bezahlung ist seither natürlich besser geworden, aber bei weitem nicht so toll, wie sich das die meisten ausmalen.

Zu den gängigen Ansichten gehört auch, in einer Partei dürfe man keine eigene Meinung haben. Unzählige Male ist mir das vorgehalten worden, und selten gelang es mir, jemanden von diesem Vorurteil zu befreien. Ich versuche es trotzdem wieder.

In einer Partei finden sich Gleichgesinnte, die überhaupt nicht das Gleiche meinen müssen. Wenn Sie zehn Sozialdemokraten fragen, wie sie die Politik der SP umschreiben würden, bekommen Sie kaum übereinstimmende Antworten.

Grosse Übereinstimmung gibt es in der SP lediglich über den Grundbegriff der sozialen Gerechtigkeit. Über den Weg hingegen, wie die Gesellschaft sozialer und gerechter wird, driften die Meinungen auseinander. Darüber wird gestritten. Zwischen Reformern und Dogmatikern, Romands und Deutschschweizern, Rechthabern, Besserwissern und vielen anderen.

Die Annahme, in einer Partei dürfe man seine eigene Meinung nicht äussern, stimmt wirklich nicht. In der SP – ich kann nur für sie geradestehen – wird um Lösungen gerungen. Oft sogar übermässig engagiert, meistens leidenschaftlich. Da ist keine Rede davon, es herrsche so etwas wie Zensur oder Denkverbot. So ein Unsinn!

Wie sonst käme überhaupt eine Entscheidung zustande? Und es ist auch nicht etwa so, dass der grosse Vorsitzende allein bestimmt, was gut oder böse, richtig oder falsch ist. Klar: Christoph Blocher als Parteistratege war in der SVP nahe am Status des heimlichen demokratischen Diktators. Und auch mir hat man nie vorgeworfen, ich sei als Präsident ein Weichei, eher schon hörte ich den Vorwurf der zu autoritären Parteiführung. Aber in der GL hatte auch ich lediglich eine Stimme. Wie alle anderen.

Sicherlich hat der Präsident Einfluss. Sonst wäre er unbrauchbar. Verliert ein Präsident zu oft oder meist, sollte er aufgeben. Von ihm werden Impulse erwartet, konkrete Vorschläge im politischen Tagesgeschäft, Ideen über den Tag hinaus. Das ist ja das Faszinierende an diesem Job: die grossen Gestaltungsmöglichkeiten. Natürlich habe ich versucht, mit meinen Anträgen durchzukommen. Am Schluss jedoch wurden sie angenommen oder verworfen.

An der Basis der SP sind die Aktivisten. Sie sind das Fundament der Partei, die eigentlich ungleich Gleichgesinnten. Aus dieser Vielfalt sollte die Einheit entstehen. Das gelingt oft, aber nicht immer. Die Parteiarbeit ist ein ständiger Prozess, der nie abgeschlossen ist. Sieg und Niederlage sind Verwandte. Wer die letzten Wahlen gewonnen hat, muss aufpassen, die nächsten nicht zu verlieren. Politik ist ein kurzlebiges Geschäft.

Sieg und Niederlagen

Meine Bewährungszeit als neuer SP-Präsident dauerte sieben Monate. Dann kam es zum demokratischen Ernstfall: zu den National- und Ständeratswahlen vom Oktober 1975.

Die SP erzielte ein Glanzresultat. Es war das beste seit 40 Jahren.

So war es wunderbar, Präsident zu sein. Einen besseren Einstand hätte ich mir nicht im Traum vorgestellt. Nur: Dieser Sieg war nicht mein Verdienst, sonst wäre ich ja ein Zauberer gewesen. Mein Anteil am Erfolg konnte höchstens daran gemessen werden, dass ich ihn wenigstens nicht verhindert hatte. «Gäng sövu», sagt der Berner.

Anders war es bei Niederlagen.

1987 verlor die SP einige Sitze im Bundeshaus. Zu viele. Die Partei steckte in einem Tief. Auch die Nichtwahl von Lilian Uchtenhagen als erste Frau im Bundesrat führte parteiintern zu Spannungen, weil wieder einmal die SP ‹fressen› sollte, was ihr die Bürgerlichen einbrockten, (die mehrheitlich die SP- Kandidatin abgelehnt und dafür Otto Stich gewählt hatten). Damit war in der Partei für viele der ‹Zapfen ab›.

Neun Wochen, nachdem die SP-Dame in der Bundesversammlung schachmatt gesetzt worden war, fand in Bern ein ausserordentlicher

Parteitag statt. Mit 1500 Delegierten und gleich vielen Gästen. Es war der grösste Parteitag seit je. GL und Parteivorstand hatten, auf meinen Vorschlag, dem Parteitag den Austritt der SP aus dem Bundesrat beantragt. Damit war natürlich für Feuer im Dach gesorgt.

Eigentlich stellten wir nicht die Bundesratsbeteiligung grundsätzlich in Frage. Im Gegenteil. Uns ging es um die Fremdbestimmung. Wir wehrten uns dagegen, dass zu oft die bürgerliche Mehrheit entschied, wer die SP im Bundesrat vertreten darf. Wenn ich im Ausland dieses Prozedere zu erklären versuche, begreift das niemand.

Erwartungsgemäss verlief der Austritts-Parteitag turbulent. Und die Delegierten beschlossen, im Verhältnis von 3:2, im Bundesrat zu bleiben. Damit war der gegen unseren Willen gewählte Otto Stich halt nun unser Bundesrat. Der Parteitag hatte seine Wahl sanktioniert. Nachträglich.

War damit in der Partei wieder Ruhe eingekehrt? Am Parteitag selber versuchte ich die unterlegene Minderheit mit der süffigen Drohung aufzurichten, die SP werde inskünftig ‹schampar unbequem› sein. Aber diese Partei ist nun mal keine revolutionäre Vereinigung von professionellen Unruhestiftern. Und wenn sich ‹schampar unbequem› später gelegentlich als politischer Knallfrosch erwies, brauchte ich für den journalistischen Spott nicht zu sorgen.

Die Zeit heilt Wunden, heisst es.

So weit war die Partei im Wahljahr 1987 noch nicht.

Die Nichtwahl einer zum ersten Mal nominierten Frau und der Ausgang des Parteitags hatten die Progressiveren in der SP mehr gelähmt, als voraussehbar war. Teile der Aktivisten litten an Depression. Und daran änderte auch Otto Stich nichts, der schnell zum Lieblingsgegner der Bürgerlichen – die ihn gewählt und unterschätzt hatten – aufgestiegen war.

Der Austritts-Parteitag zeigte erst zehn Jahre später seine Wirkung.
Im März 1993 nominierte die SP-Fraktion für den zurückgetretenen Bundesrat René Felber Christiane Brunner als Nachfolgerin, und die mehrheitlich bürgerliche Bundesversammlung wählte den Neuenburger SP-Nationalrat Francis Matthey. Diese Provokationstaktik jedoch wurde von uns zurückgewiesen. Als Kampfansage. Matthey durfte die Wahl nicht annehmen, er verlangte eine Woche Bedenkzeit. Und eine Woche danach unterbreitete die SP-Fraktion der Bundesversammlung den Zweiervorschlag Christiane Brunner und Ruth Dreifuss, (nachdem vorher Francis Matthey auf Annahme der Wahl verzichtet hatte). Das war ein einmaliger Vorgang. Die Bürgerlichen reagierten denn auch verblüfft und verärgert. Aber sie wählten Ruth Dreifuss in den Bundesrat.

Der damalige Präsident der freisinnigen Fraktion hiess Pascal Couchepin. Er war es, der eine Revolte im rechten bürgerlichen Lager niederschlagen musste, denn von dort kam mit Vreni Spoerry eine Sprengkandidatur gegen die SP. Aber Couchepin verteidigte die Konkordanz, anerkannte den Anspruch der SP auf den zweiten Sitz im Bundesrat und unterstützte Ruth Dreifuss. Hätte Francis Matthey die Wahl angenommen, wäre erneut ein ausserordentlicher Parteitag einberufen worden. Mit dem gleichen Antrag: Austritt aus dem Bundesrat. Ein zweites Mal wäre er nicht abgelehnt worden. Das wusste Matthey. Das wussten ebenso die Bürgerlichen.

1987 also erlitt die Partei eine Wahlschlappe. Ich war immerhin schon zwölf Jahre Parteipräsident damals und musste die Niederlage auf meinem Konto abbuchen. Mein Kredit war zwar nicht aufgebraucht, hatte aber abgenommen. Da nützte auch der berechtigte Einwand wenig, eidgenössische Wahlen würden in den Kantonen entschieden. Wenn, wie damals die SP des Kantons Zürich, eine Kantonalpartei in der Krise steckt und grosse Verluste einfährt, steht der beste SP-Präsident ziemlich ohnmächtig vis-à-vis de rien.

Ist daraus zu schliessen, der schweizerische Parteipräsident werde überschätzt?

Was seine Macht angeht, bestimmt. Wie weit öffentliche Bekanntheit und sogar Beliebtheit Wähleranteile einbringt, bleibt umstritten und ist schwer auszurechnen.

Der Präsident ist halt so etwas wie das Gesicht seiner Partei. Die Mitglieder und Sympathisanten möchten sich mit ihm identifizieren und stolz auf ihn sein können. Das erleichtert ihre Arbeit für die Partei. So betrachtet ist er ein Motivator. Wenn er die Fernseh-‹Arena› übersteht, sogar ein guter.

Das ist ja das Prickelnde an diesem Job: die Herausforderungen, die sich Tag für Tag jagen. Der Dauereinsatz an Sitzungen, Besprechungen, Tagungen in der eigenen Partei, Präsenz vor der Presse, am Radio, im Fernsehen, bei Podiumsdiskussionen, an unzähligen anderen Veranstaltungen. Im Durchschnitt jährlich um die 150 Termine. Das im Nebenamt. Neben Beruf und Parlamentsmandat.

Dazu wöchentlich 50 Briefe. 2600 im Jahr. Deren Absender alle eine Antwort bekamen.

Heute frage ich mich selber: «Wie hast du das gemacht?»

Mein Parteifreund Carl Miville, bis 1991 Basler Ständerat, sagte einmal, als er im Kalender verzweifelt einen freien Termin suchte: «Manchmal frage ich mich schon, ob wir Politiker noch normal sind.»

Ich war im Frühjahr 1997 für ein paar Tage Patient von Professor Urs Studer im Inselspital Bern. (Der letzte Spitalaufenthalt lag 45 Jahre zurück: Velounfall.)

Und er meinte, nachdem ich nun wieder einmal im Spitalbett liege, sei der ‹70 000-Kilometer-Service› fällig.

Die gründliche Untersuchung endete beruhigend: «Für den Stress, den Sie in all den Jahren hatten, sind Sie gut ‹zwäg›.» – «Herr Professor, ich habe nie Stress gehabt, nur viel Arbeit, die ich gerne mache.» – «Das ist eine gute Bemerkung. Viel Arbeit, die mit Freude getan wird, macht nicht krank.»

Das Parteipräsidium war für mich nie eine Last, sondern Lust. Das bedeutet keineswegs lustig. Auf der Berg- und Talfahrt gab es Höhen und Tiefen.

Genau das war das Spannende.

Erfolge erringen und Krisen bewältigen, beides ist anspruchsvoll.

Die Kunst des Delegierens

Ich hatte bald begriffen, Arbeit delegieren zu müssen, denn das Pensum ist wirklich enorm. Die beiden Vizepräsidenten sassen bei mir folglich nicht auf der Ersatzbank, um auf den Einsatz zu warten, bis der Präsident endlich mal ausfällt. Es gibt notabene diese Art von Präsident, der lieber eine Sitzung mit hohem Fieber leitet, als dass er den Vize ranlässt.

Ich habe mal den ATB, Arbeiter-Touring-Bund, präsidiert. Etwa ein Jahr nach meinem Rücktritt traf ich meinen Vize, einen Fahrlehrer, und wollte wissen, wie es laufe. «Ach, weisst du, es ist nicht mehr das Gleiche. Bei dir durfte ich immer wieder GL-Sitzungen leiten. Der jetzige Präsident braucht mich nicht. Ich werde aufhören.»

Wer nicht gefordert und gefördert wird, bekommt den Verleider.

Yvette Jaggi war nicht nur die welsche Vizepräsidentin, sondern faktisch SP-Präsidentin in der Romandie. Peter Vollmer, der zweite Vize, leitete anspruchsvolle Kommissionen, zum Beispiel die für die Statuten- und Programmrevision.

In Deutschland und Österreich verfügen die Parteien über starke Mitarbeiterstäbe. Die staatliche Parteienfinanzierung erlaubt das.

Schweizerische Parteien arbeiten im Milizsystem. Sie beschäftigen mangels Geld nur wenige Profis. Dafür wird der Sachverstand in der Mitgliedschaft und von Sympathisanten mobilisiert. In der SP arbeiten zahlreiche Fachkommissionen nach diesem Prinzip.

An Themen fehlt es nicht. Fachkommissionen ersetzen Denkfabriken (wie der Wirtschaftsverband Economiesuisse mit ‹Avenir Suisse› eine hat – finanziert von der Wirtschaft).

Nicht immer lief alles rund. In der Fachkommission Wirtschaft / Finanzen z. B. gab es mal einen kleinen Aufstand.

Die meisten Mitglieder dort wollten nicht mehr mitmachen, weil, wie sie kritisierten, ihr Präsident völlig eigenmächtig vorgehe. Ich musste dann der GL beantragen, diesen Präsidenten auszuwechseln. Der Betroffene schrieb mir natürlich keinen Liebesbrief. Es war Nationalrat Otto Stich.

Solche Konflikte sind immer auch kleine Machtkämpfe, die Spuren hinterlassen. Natürlich wird keiner gerne abgesetzt.

Man ist deshalb gut beraten, solche Kraftakte nur im äussersten Notfall zu riskieren.

Das Parteiprogramm

Die nächste Herausforderung war die Revision des Parteiprogramms. Das alte datierte von 1956. Es war überholt. Der Begriff Ökologie zum Beispiel kam darin noch gar nicht vor.

Das Parteiprogramm ist nicht nur die Visitenkarte der SP, vielmehr so etwas wie deren Verfassung. Darin werden Vorstellungen über die Gesellschaft, Wirtschaft und den Staat entwickelt. Mittel, wie sie nach Meinung der SP sozialer, gerechter, humaner werden müssten. Ein Parteiprogramm ist auch das geistige Vermächtnis, wie sozialdemokratische Politik sich vom bürgerlichen Kapitalismus unterscheidet.

Schweizerische Politik ist ein mühsames Geschäft. Linke nicht minder. Für viele ist Demokratie eine Frage der Quantität. Grosse Arbeitsgruppen aber sind schwerfällig. Sie brauchen mehr Zeit und mehr Sitzungen. Alle wollen mitreden. Aufwand und Ertrag stimmen nicht überein.

Das wollten wir verhindern.

Auf meinen Antrag nominierte die GL deshalb nur fünf hervorragende Persönlichkeiten mit dem Auftrag, ein neues Parteiprogramm zu entwerfen. Die Idee schien bestechend.

Das wars dann auch schon.

Als Peter Bichsel, einer der fünf, aufgab, wusste ich, das Experiment war gescheitert. Mit Bichsel war das realistischste, erfahrenste und mit der SP vertrauteste Kommissionsmitglied ausgestiegen. Den Rückzug begründete er damit, er habe in Bellach seinen Genossen nicht mehr erklären können, wohin diese Programmreise gehe. Die Fünfergruppe – Peter Bichsel war ersetzt worden – legte 1978 ihren Entwurf vor.

Da war viel Radikales hineingeschrieben worden. Aber das vorgeschlagene Gesellschafts- und Wirtschaftsmodell passte zur Schweiz ungefähr gleich gut wie das Matterhorn zur Wüste.

GL und die fünf Vordenker gerieten ideologisch hart aneinander.

An sich hätte ja die Programmdebatte Aufbruchstimmung auslösen sollen, den freien Auslauf auch für Perspektiven, Visionen, kühne Ideen. Stattdessen herrschte eine feindliche Stimmung, fühlten sich Leute verletzt, die für die SP das Beste wollten. Die Programmrevision verkam zum grossen Missverständnis. Das war hauptsächlich meine Schuld. Wir hatten es unterlassen, der Fünfergruppe auch nur die mindesten Richtlinien vorzugeben. Sie hatte völlig freie Hand, war zum Selbstläufer geworden und programmierte an der SP vorbei.

Die GL beauftragte eine neue Kommission zur Überarbeitung des Entwurfs, mit Peter Vollmer als Präsident. Und 1982 wurde das neue Parteiprogramm am Parteitag in Lugano beschlossen.

Mehr als ein politischer Bastard ist leider daraus nicht geworden. Er ist keine Zierde im SP-Schaufenster.

Sollte die heutige GL zum Schluss kommen, ein neues Parteiprogramm vorzulegen, bräuchte sie unsere Fehler ja nicht zu wiederholen.

Erfahrungen mit den Internationalen und einem Concierge

In der SP Schweiz ist die GL das Leitungsorgan. Mit 15 Mitgliedern (zu meiner Zeit) nach meinem Geschmack etwas schwerfällig. Um mobiler und flexibler zu werden, wurde deshalb ein Ausschuss gebildet, ‹Büro› genannt. Ihm gehörten der Präsident, zwei Vize, der Fraktionschef und der Generalsekretär an. Fünf ist eine ideale Zahl. So ging alles schneller: Terminsuche, Beratungen, nötigenfalls mit Telefonkonferenz. Und die anderen GL-Mitglieder wachten misstrauisch-eifersüchtig darüber, dass da nicht ein allmächtiges Politbüro nach kommunistischer Façon entstand.

Die SP Schweiz schaut aber auch über das helvetische Gehege hinaus. Sie gehört der SI (der Sozialistischen Internationale) an, deren ‹Büro› etwa 150 Mitglieder zählt, darunter viele amtierende und ehemalige Minister.

Aus zeitlichen Gründen nahm ich bloss hie und da an den Sitzungen teil. Und das nur, wenn sie in Europa stattfanden. Ständiger Vertreter der SP Schweiz im SI-Büro war Jean Ziegler.

Meine erste SI-Sitzung führte mich nach Kopenhagen. Getagt wurde in einem Bildungszentrum der Gewerkschaften. Ich kam dort erst um 23 Uhr an.

An der Reception übergab mir der Concierge den Schlüssel und zeigte mir das Zimmer. Im ersten Moment dachte ich: «Den kennst du doch!» Dann musste ich passen. «Du spinnst ja, schliesslich bist du zum ersten Mal in Kopenhagen.»

Am nächsten Morgen eröffnete der ‹Concierge› die Tagung. Der Mann hiess Jörgensen, von Beruf dänischer Ministerpräsident.

Die Skandinavier sind unkompliziert und gastfreundlich.

Olof Palme, damals schwedischer Ministerpräsident, hatte für die Sitzordnung beim Essen gesorgt. Jedes Mal mischte er die Teilnehmer neu zusammen. «Damit nicht immer die Gleichen nebeneinander sitzen», meinte er, «sonst lernt ihr euch nie kennen.»

Ich hatte versucht, auch Aussenminister Pierre Graber für die SI-Tagung zu gewinnen.

«Ein schweizerischer Bundesrat», erklärte er, «nimmt im Ausland nicht an einer Parteiveranstaltung teil!» Zum Glück, musste ich sagen. Der SP-Bundesrat war ein Waadtländer Aristokrat, der als Kofferträger seinen Fraktionspräsidenten hatte, ein Fraktionskollege, der ihm bedingungslos ergeben war. In Kopenhagen hingegen hätte auch Pierre Graber am Morgen das Bett selber machen müssen. Ich glaube, er wäre abgereist.

Was bringen diese internationalen Kontakte?

Kaum konkrete politische Ergebnisse. Interessant und wichtig ist der gegenseitige Meinungsaustausch. Das Ziel ist, gemeinsame Standpunkte herauszufinden. Wenn das gelingt, werden sie in einer Resolution festgehalten. Das ist nicht besonders aufregend. Der grosse Gewinn liegt anderswo.

Die SI ist keine geschlossene Einheit. Den französischen Sozialisten François Mitterand verband mit dem deutschen Sozialdemokraten Helmut Schmidt eher herzliche Abneigung denn Zuneigung. Überhaupt war für mich interessant zu erleben, wie unterschiedlich linke Parteien in der gleichen Internationale sein können.

Im Gedächtnis geblieben sind die Begegnungen im Disput untereinander oder im persönlichen Gespräch miteinander. Mit Willy Brandt, Herbert Wehner, Olof Palme, Erhard Eppler, Bruno Kreisky, Shimon Peres, Felipe Gonzales, François Mitterand, Helmut Schmidt und vielen anderen.

Von-Wattenwyl-Runde und Indiskretion

Zu den innenpolitischen Highlights gehör(t)en – auch in meinen Präsidialjahren – die so genannten Von-Wattenwyl-Gespräche.

Eine Delegation des Bundesrates trifft sich vor jeder Session mit den Partei- und Fraktionspräsidenten der vier Bundesratsparteien. Es werden keine Beschlüsse gefasst. Der Bundesrat informiert, was er vorhat, die Parteivertreter sagen, was sie dazu meinen. Es wird die Temperatur gemessen, wie die Chancen für einen mehrheitsfähigen Kompromiss sein könnten. Das Wichtigste daran ist, dass ein solches Gespräch überhaupt stattfindet.

Das gemeinsame Mittagessen im Von-Wattenwyl-Haus an der Junkerngasse in Bern erlaubt(e) dann die eher ungezwungenen Gespräche und war/ist gelegentlich ebenso ergiebig wie die offizielle Runde.

Ein Detail möchte ich besonders erwähnen. Heute sind die gezielten Indiskretionen aus dem Bundesrat ein Politikum geworden. Man könnte meinen, das habe es früher nicht gegeben. Irrtum.

Der Bundespräsident leitet jeweils die Aussprache. 1979 war das Hans Hürlimann. Ich erinnere mich nicht mehr, um was es ging. Aber in meinen Gesprächsnotizen steht, was uns Bundespräsident Hürlimann anvertraut hatte: «Diesmal ist der Beschluss des Bundesrates vertraulich geblieben. Diesmal drang nichts nach aussen.» Das hört sich an, als ob Hürlimann erleichtert festgestellt hätte, für einmal habe der Bundesrat dichtgehalten.

Wie gesagt, das war 1979. So neu können demnach Indiskretionen aus dem Bundesrat nicht sein. Sie scheinen Tradition zu haben. Nur wird heute um sie ein grösseres ‹Gschiss› gemacht.

SP, Kaiseraugst und Fichen

Welche Einflussmöglichkeiten hat ein Parteipräsident? Kann er Akzente setzen?

Ich möchte das mit zwei Beispielen beantworten.

Am 1. April 1975 fuhren in Kaiseraugst für den Bau des geplanten Atomkraftwerks die ersten Bagger auf. Gleichentags besetzten die AKW-Gegner das Gelände. Mustergültig organisiert. Die Regierung des Kantons Aargau drohte mit Polizeieinsatz. Allerdings hätten die übrigen Kantone freundeidgenössisch mit Polizeiverstärkung zu Hilfe eilen müssen. Die aber weigerten sich, wie mir der sehr verärgerte Aargauer Polizeiminister Louis Lang, SP-Regierungsrat, gestand. Er musste auf die gewaltsame Räumung verzichten.

Dafür dachten zwei bürgerliche Bundesräte (Rudolf Gnägi, Kurt Furgler) an den Einsatz der Armee.

Zuständig für Kaiseraugst war damals Energieminister Bundesrat Willi Ritschard, ebenfalls SP.

Ich verlangte bei ihm eine Audienz. Eine kleine Parteidelegation verhandelte mit ihm drei Stunden und riet ihm, er müsse den Besetzern unbedingt ein Gesprächsangebot machen. So schnell gab Ritschard nicht nach. Es war ein harter Disput. Unter Genossen. Endlich willigte Ritschard ein. Damit war die Armee vom Tisch. Denn gegen den SP-Bundesrat mochten seine bürgerlichen Kollegen die Armee nicht aufs Volk hetzen.

Das Ende ist bekannt. Jahrelang fanden zwischen allen Beteiligten Expertengespräche statt. Die Zeit lief. Gegen die Atomlobby. 1988 war es dann so weit: Man verzichtete auf das Atomkraftwerk Kaiseraugst.

Im Januar 1989 musste Bundesrätin Elisabeth Kopp zurücktreten. Sie habe als Justizministerin, lautete der Vorwurf, ihrem Mann mit Insiderwissen aus der Patsche geholfen.

Wer im Bundesrat den Schlüssel abgeben muss, löst viel politische Unruhe aus. Denn das geschieht bei uns nur zweimal in einem Jahrhundert. Es bestand Handlungsbedarf. Ich lud die anderen Parteipräsidenten und die Fraktionschefs der drei übrigen Bundesratsparteien zu einer dringlichen Sitzung ein. Und beantragte, 1. eine PUK, Parlamentarische Untersuchungskommission, einzusetzen; 2. Nationalrat Moritz Leuenberger zum Präsidenten zu machen. Nach relativ kurzer Diskussion wurde so beschlossen.

Zehn Monate später legte PUK-Präsident Leuenberger den einstimmig verabschiedeten Kommissionsbericht vor. Der Skandal war perfekt. 900 000 in der Schweiz wohnhafte Personen waren in den vierzig Jahren des Kalten Krieges von der Bundespolizei observiert und fichiert, 900 000 Karteikarten, Fichen genannt, waren im Bundesarchiv archiviert worden.

Das ist ja das Bemerkenswerte am Präsidentenjob: Man ist handlungsfähig. In Fällen wie beim Rücktritt Kopp konnte ich nicht zuerst noch die GL konsultieren. Das ging auf eigene Verantwortung. Und war nachträglich vor den Parteigremien zu rechtfertigen.

P.S.:

Wäre Frau Kopp – das als Randbemerkung – ein Mann gewesen, hätte sie kaum zurücktreten müssen.

Militär- und andere Experten

Im Nationalrat gehörte Militärpolitik zu meinem Spezialfach.

Die Armee stand damals unter Denkmalschutz. Heute ist sie ein Überbein. Im Kalten Krieg jedoch war die Luft für Kritik dünn. Schnell galt man als subversiv und kam in Verdacht, von ‹Moskau› aus gesteuert zu sein. Und schon trat die Militärjustiz in Aktion.

Um in diesem politischen Minenfeld zu überleben, brauchte ich einen qualifizierten Fachmann als Berater.

Während vieler Jahre durfte ich mich auf Erich Varrone verlassen: Oberstleutnant, gefürchteter Kritiker bei der Armeeführung, geschätzter Mitarbeiter bei der Presse.

Später konnte ich bei Dr. Georges Bridel Rat holen. Er ist ein weltweit anerkannter Flugzeugexperte und arbeitet bei der Dasa in München, Abteilung für Raketentechnik im Daimler-Benz-Konzern.

Das Beziehungsnetz der Sozialistischen Internationale erwies sich ebenfalls als nützlich. Oft reiste ich nach Bonn, Wien oder Stockholm, um SP-Politiker zu konsultieren, die ich im SI-Büro kennen gelernt hatte.

Für den Hausgebrauch, den politischen Alltag sozusagen, unterstützten mich die Drei der so genannten ‹Viererbande› (Lilian Uchtenhagen, Andreas Gerwig, Walter Renschler). Wir hatten eine wirklich tolle Arbeitsgruppe und halfen einander, wo es nötig war. Ich profitierte am meisten davon.

Je nach Thema wandte ich mich an spezielle Adressen. So zum Beispiel auch mal an Nicolas Hayek, als er noch Unternehmensberater war.

Es ging damals um den Milliardenkredit für die Beschaffung von Leopard-Panzern. Ich erfuhr, dass die deutsche Bundeswehr die gleichen Leopard zum halben Preis gekauft hatte. Also war auch hier Handlungsbedarf angesagt. Dank der Mithilfe von Nicolas Hayek, zuletzt mit einem ‹Schwarzbuch› als Gutachten für die Militärkommission, konnten über 900 Millionen Franken eingespart werden.

Das war kein kleiner Happen. Anno 1984.

Seither ist ein Teil der Panzerflotte eingemottet worden. Die Armee weiss auch sonst nicht mehr, was sie mit dem vielen Material anfangen soll, das einstmals im Überfluss gepostet wurde. Das im Herbst 2002 erstellte Inventar liess jedenfalls aufhorchen: 2 190 422 Sicherheitsnadeln, 738 686 Knöpfe D, 130 223 Sturmgewehre Typ 57 (das seit Jahren nicht mehr gebraucht wird).

Noch ein Müsterchen: 748 702 Schuhsäckli. Dazu kommen über 20 000 Festungen, Bunker, Unterstände, Panzersperren. (Militärbeton hält fast ewig. Die Sprengung eines einzigen Bunkers kostet um die 100 000 Franken. Deshalb bleiben die meisten weiter auf Pikett.)

Hochamt oder schönstes Amt

Für den SPD-Vorsitzenden Franz Müntefering ist der Parteivorsitz nach dem Papst das schönste Amt. Ich weiss nicht, wie gross das Glücksgefühl des Heiligen Vaters in Rom ist. Ich möchte auch sonst etwas zurückhaltender sein. Weil ich mir vorstellen kann, dass Daniel Vasella seinen Job beim Chemiekonzern Novartis nicht minder hoch einstuft wie Müntefering den seinen. Nur dass Vasellas pekuniärer Lustgewinn weitaus herrlicher sein dürfte. Aber etwas weiss ich: Ich tauschte den SP-Vorsitz niemals ein. Nicht einmal gegen das Amt des Nationalratspräsidenten.

Wer 34 Jahre Nationalrat ist, wird im Normalfall mit ziemlicher Wahrscheinlichkeit einmal Ratspräsident. 1985 wäre ich zum ersten Mal zum Zug gekommen.

Und überliess den Vortritt meinem Bündner Fraktionskollegen Martin Bundi.

Jeder sollte sich so gut kennen, dass er spürt, was ihm liegt und was nicht. Als Ratspräsident hätte ich den SP-Vorsitz abgeben müssen. Genau deshalb lehnte ich ab. So einfach gibt man die SP-Führung nicht ab.

Ausserdem fehlte mir schlicht die Lust fürs Repräsentieren.

Jeder so genannte Promi bekommt unzählige Einladungen. 97 Prozent landeten bei mir im Papierkorb. Ich musste ja auch Zeit für Gret, unsere Kinder und für mich selber reservieren. Zeit zum Nachdenken auch. Zudem: Wäre ich all den Einladungen gefolgt, hätte ich über all die Jahre zu viel gegessen und getrunken, dafür zu wenig geschlafen. So war es konsequent, nicht Nationalratspräsident werden zu wollen. Zumal mich Politik, die Kunst des Möglichen, mehr fesselte als die Würde des ‹Höchsten Schweizers›.

Journalisten und Heiri Huber

Als SP-Präsident musste ich Zeit und Kräfte gut einteilen und mich entsprechend organisieren.

Wichtig war, informiert zu sein. Ich las regelmässig sieben Tageszeitungen, plus Magazine, Wochenzeitungen, konsumierte Nachrichten am Radio und Fernsehen. Das ist auch heute noch so. Sehr viele Anregungen für Vorstösse erhielt ich von Journalisten. Sie kontrollieren das politische Geschehen. Sie bringen aus, was die Bundesverwaltung verschweigt.

Noch etwas. Jeder pflegt ja so seinen kleinen Tick.

Mich hat in der Politik, nicht nur als SP-Präsident, ständig eine imaginäre Figur begleitet: der Heiri Huber. Ich stellte ihn mir als Angestellten oder Büezer in der Chemie vor, wohnhaft im Kleinbasel.

Wenn wir in der Partei einen umstrittenen Entscheid ausgefochten hatten, ging ich jedesmal in mich: «Wird uns der Heiri Huber verstehen? Oder wird er den Kopf schütteln und über uns fluchen, was für ‹einen Seich› wir wieder mal beschlossen haben? Kann er seinen Kollegen unsere Politik erklären?»

Den realen Heiri Huber treffe ich am ehesten in der Migros-Bar am Claraplatz in Basel. Dort verkehrt das so genannt gewöhnliche Volk. Leute, die uns wählen oder wählen müssten. Dort höre ich auch heute noch ein unverblümtes Urteil über Politik und Politiker.

Der Heiri Huber war so etwas wie mein Kontrolleur. Der mich davor schützen sollte, abzuheben.

Bundesratswahlen

Werden wir von einer ‹Viererbande› regiert?

Ich als Pensionierter darf das sagen:

Die Schweiz wird zurzeit von einer Altherrenriege regiert. Zusammen mit einer Grossmutter.

Samuel Schmid ist der Jüngste. Mit 57. Aber es gibt Menschen, die haben nie richtig jung ausgesehen, und sie werden auch lange nicht alt. Samuel Schmid ist so einer.

Der Altersdurchschnitt der sechs Männer und der Frau im Bundesrat beträgt exakt 60 Jahre. In der Arbeitswelt ist es schon für einen 50-Jährigen schwierig, einen neuen Job zu finden.

Anders in der Politik.

Am 10. Dezember 2003 sind zwei ältere Herren in den Bundesrat gewählt worden: Christoph Blocher, 64, und Hans-Rudolf Merz, auch schon 62. Auf der Strecke blieb die Jüngste, mit 39. Ruth Metzler wurde nach vier Jahren und ein paar Monaten abgewählt. Abwahl – das gab es letztmals vor 131 Jahren.

Vor diesem 10. Dezember zirkulierte die Hochrechnung mit drei Frauen im Bundesrat: Ruth Metzler, Micheline Calmy-Rey, Christine Beerli. Übrig geblieben ist Calmy-Rey. Sie ist erst die vierte Bundesrätin. Von den drei Vorgängerinnen schaffte es nur Ruth Dreifuss, ohne Eklat abzutreten. Elisabeth Kopp wurde dazu gezwungen.

Hans-Rudolf Merz hat unmittelbar nach seiner Wahl die Wut von enttäuschten Frauen zu spüren bekommen. Es gab Protestdemonstrationen. Die einseitige Zusammensetzung der Landesregierung fand kaum Beifall.

Bundesrat Merz ist auf nicht unsympathische Art ein leutseliger Mensch. Es redet ihm mühelos daher, und den enttäuschten Frauen servierte er blitzschnell Trost: Er werde sich selbstverständlich für die Anliegen der Frauen besonders einsetzen. Das versicherte er mit heiterer Leichtigkeit. Ob das die aufgebrachten Frauen beeindruckt hat, ist zu bezweifeln. Gret, die mit mir verheiratet ist, reagierte jedenfalls auffallend brüsk: «Von diesem Appenzeller will ich nichts.»

Bundesratswahlen sind in unserem trägen politischen Betrieb ein Highlight. Im Ausland wird in der Regel nur der Regierungschef vom Parlament gewählt. Nachher stellt er sein Kabinett selber zusammen. Nicht so bei uns. Jeder Bundesrat wird von der Bundesversammlung separat gewählt. Und im Gegensatz zum üblichen parlamentarischen Betrieb kommt bei Bundesratswahlen Spannung auf.

Am 10. Dezember 2003 sollen eine Million Interessierte das Geschehen im Bundeshaus live vor dem Bildschirm verfolgt haben. Eine solche Einschaltquote erreicht sonst nur Beni Thurnheer mit ‹Benissimo›. Die Frage, ob Christoph Blocher diesmal die Wahl schaffen werde, beschäftigte die Leute.

Der Reiz von Bundesratswahlen liegt in der Kadenz. Sie sind seltener als Zibelemärit, Sächsilüte und Fasnacht.

Der Nachfolger von Kaspar Villiger, Hans-Rudolf Merz, ist erst der 108. Bundesrat. In 155 Jahren, seit 1848, 108 Bundesräte, davon sieben noch an der Arbeit, dürfte weltweiter Minusrekord sein. In Italien würde das Kontingent keine zehn Jahre reichen.

Noch etwas hob die Wahlen vom 10. Dezember 2003 aus dem üblichen Rahmen heraus: Nach 44 Jahren ‹Zauberformel› wurde die Sitzverteilung zum ersten Mal geändert: Ein Sitz der CVP ging an die SVP über. Das war für die Christdemokraten mehr als nur einfach ein Sitzverlust: Ihr Einfluss ist nun – auch im Bundesrat – nur noch marginal.

Seit 1960 war mit der Zauberformel die politische Macht der Schweiz auf geradezu magische Weise aufgeteilt worden: 2 CVP, 2 FDP, 2 SP, 1 SVP. Das entsprach ungefähr den Wähleranteilen der Parteien, wobei in den letzten acht Jahren bei der CVP ein Auge zugedrückt werden musste. Der Zweieranspruch war schon länger nicht mehr ausgewiesen.

Beim Verteiler 2-2-2-1 fällt eines auf: 2 + 2 = Mehrheit. Immer, wenn zwei Zweierteams im Bundesrat zusammenspannen, haben sie also die Mehrheit. Die ‹Einzelmaske› im Bundesrat, zuletzt Samuel Schmid von der SVP, schafft in einer Kampfabstimmung keine Mehrheit: 2 + 1 = Minderheit. In dieser Rolle steckt nun Joseph Deiss von der CVP.

Der Wechsel des CVP-Sitzes an die SVP hat genügt, die politischen Gewichte zu verschieben. Die SVP hat mit der SP und FDP gleichgezogen.

Blocher liess sich in den Bundesrat wählen, um dafür zu sorgen, dass nun auch konsequent bürgerliche Politik gemacht wird. Und für ihn gibt es klar nur eine bürgerliche Politik: seine.

Politik jedoch folgt nicht mathematischer Logik. Sie hat ihre eigenen Gesetze. Die Frage bleibt deshalb: Regiert seit dem 10. Dezember 2003 die ‹Viererbande› von SVP/FDP oder der Bundesrat in corpore?

Das Wunder von Bern

Es gibt den Film ‹Das Wunder von Bern›. Dabei geht es um Fussball. Deutschland schlug 1954 den hohen Favoriten Ungarn und wurde Weltmeister. Im Berner Wankdorf-Stadion. Damit kehrte

Deutschland in die Völkergemeinschaft zurück, wurde von ihr wieder aufgenommen. Was nach der schrecklichen Nazi-Herrschaft nicht selbstverständlich war. Der grosse Fussballsieg und seine weit über den Sport hinausgehenden Folgen lieferten die Story für ‹Das Wunder von Bern›.

Ein kleines bisschen passt der Filmtitel auch zum biederen Bundesrat der Eidgenossenschaft. Sieben Persönlichkeiten mit unterschiedlicher Parteifarbe bilden die Kollegialbehörde. Jede Woche treffen sie sich zur Sitzung. Jahraus, jahrein. Sie haben lernen müssen, sich zu ertragen. Und – fantastisch: Das Kollektiv war in all den Jahrzehnten immer stärker. Stärker als Misstrauen, Abneigung, Rivalitäten oder was immer Menschliches. Der Bundesrat ist nie mangels Beschlussfähigkeit ausgefallen. Er hat es immer geschafft, das Land ordentlich zu regieren. Mal etwas besser, mal weniger gut, aber eigentlich stets seriös bemüht, eine Regierung zu sein, die diesen Namen verdient.

Der jetzige Bundesrat trägt das Datum 10. Dezember 2003. Es gibt Umfrageergebnisse, die ihm ein schlechtes Zeugnis ausstellen. Die Abwahl einer Frau sowie die Nichtwahl der anderen Frau kosteten Goodwill. Einen schlechteren Bundesrat hätten wir noch nie gehabt, ist zu hören. Da wäre ich vorsichtig. Sicher jedoch ist: Wir hatten schon einen besseren.

Dieser Bundesrat kann es sich deshalb schlicht nicht leisten, zu versagen und sämtlichen Respekt beim Volk einzubüssen.

Bundesräte repräsentieren ihre Partei. Von ihnen wird doppelte Loyalität verlangt: der Partei und dem Land gegenüber. Ein Bundesrat ist folglich kein Parteisoldat, der nie aus der Viererkolonne ausschert.

Die schweizerische Regierung wird von lauter Minderheitsparteien gebildet. Da bleibt nur eine Möglichkeit übrig: der Versuch zur Zusammenarbeit. Es braucht zwei oder drei Parteien, um eine Mehrheit zu bekommen. Und zwar mit wechselnden Mehrheiten. Mal stimmen zum Beispiel FDP-Bundesräte mit der SVP, mal aber auch mit der SP.

Blocher hat da andere Vorstellungen. Er würde gern auf der politischen Einbahnstrasse fahren. Und die FDP ist für ihn nur dann eine bürgerliche Partei, wenn sie sich an diese Verkehrsordung hält. Von der CVP erwartet er nichts. Die sei nach links abgerutscht, sagt er. Die SP braucht er als Gegner, nicht als Partner.

Blocher möchte also die drei ‹anderen› Bundesräte von SP und CVP am liebsten zu Statisten degradieren. Weil er faktisch für das System Regierung und Opposition ist statt Konkordanz. Aber er hat damit seine liebe Not.

Der starke SVP-Mann beklagt sich seit Jahren, die FDP sei ein unzuverlässiger Partner für bürgerliche Politik. Das nahmen ihm viele freisinnige Wähler auch ab, vor allem die eher konservativeren, die in Scharen zur SVP überliefen. Blocher glaubt nun, die Zuständigen der Rest-FDP hätten den Ernst der Lage erkannt und würden endlich spuren. Dem ist nicht so.

FDP-Präsident Rolf Schweiger sollte froh sein, dass die ‹Viererbande› lahmt. Was für die einen Wunschtraum, für die anderen Albtraum ist, empfiehlt sich nämlich kaum als Erfolgstaktik. Und zum Glück wird Politik nicht sklavisch nach Parteiprogramm, sondern von Menschen gemacht. Auch wenn zwei Bundesräte dasselbe Parteibuch haben, sind sie nicht unbedingt derselben Meinung. Gleiche können – auch hier – ungleich sein.

Pascal Couchepin zum Beispiel ist ein Freisinniger. Aber ein völlig anderer als Hans-Rudolf Merz. Und dieser wiederum unterscheidet sich von seinem freisinnigen Vorgänger Kaspar Villiger.

Das ist bei der SP nicht anders. Moritz Leuenberger definiert sozialdemokratische Politik nicht nur anders, sondern schon fast konträr zu Peter Bodenmann. Und wahrscheinlich mögen sich Couchepin und Bodenmann besser als der Briger Hotelier und der Zürcher Bundesrat. Und Micheline Calmy-Rey wiederum lächelt nicht etwa ihren Parteikollegen Moritz an. Sie lächelt in die Kamera. Für das Publikum. Etwas weniger wäre mehr.

Samuel Schmid und Christoph Blocher sind Parteifreunde. Ungefähr so wie Hund und Katze. Sie vertragen sich. Weil sie müssen. Dem Samuel hat es im Bundesrat ohne Blocher eh viel besser gefallen. Darauf können Sie jede Wette annehmen. Er konnte bisher einfach seine Schmid-Politik machen. Damit hatte er die Parteileitung zwar gehörig geärgert. Aber das brachte dem Abweichler an der Politbörse Kursgewinne. Als Belohnung für tapferen Ungehorsam gegenüber dem grossen B.

Ein Bundesrat trägt kein Parteikorsett. Das heisst, die Partei vermag ihn nicht zu dirigieren. Dazu hat er einen zu grossen Ermessensspielraum. Aber eine Parteiführung weiss und spürt natürlich, ob ihr Bundesrat die Parteiinteressen optimal wahrnimmt. Entscheidend ist das gegenseitige Vertrauen, sind regelmässige Kontakte, offene Aussprachen.

Wer Bundesrat wird

Nach welchen Kriterien wird eigentlich ein Bundesrat gewählt? Schafft es immer der Beste? Aus meiner Erfahrung darf ich das mit gutem Gewissen verneinen.

Ebenso sicher bestätige ich: Die Bundesversammlung wählt keinen Unfähigen. Aber auch nicht nur den Fähigsten oder die Fähigste. Wen also? Das ist schwer zu sagen. Der Hinweis, wer gewählt werden will, müsse zur richtigen Zeit in der richtigen Partei sein, aus der richtigen Region kommen und das richtige Geschlecht haben, hat viel für sich.

Im Dezember 1973 meldete CVP-Nationalrat Leo Schürmann seine Bundesratsaspirationen an. Er gehörte zu den brillantesten Köpfen im Rat. Weil er nicht jedem hofierte, hielten ihn viele für einen ‹arroganten Hund›. Das sollte sich rächen.

Leo Schürmann setzte einfach andere Akzente. Ihm wäre es zu blöd gewesen, jahrelang auf Vorrat um Stimmen zu buhlen.

Kam hinzu, dass die CVP mit Kurt Furgler bereits einen Politiker der Extraklasse im Bundesrat hatte. Der zeigte sich auch nicht begeistert davon, die intellektuellen Glanzlichter inskünftig mit Leo Schürmann teilen zu sollen.

Schwerer ins Gewicht jedoch fielen die Bedenken der Fraktionsmitglieder. Mit zwei derartigen politischen Alphatieren, meinte der Fraktionspräsident, «hätten wir nichts mehr zu melden. Die würden uns glatt überfahren.»

Leo Schürmann blieb chancenlos. Gewählt wurde der Zuger Ständerat Hans Hürlimann. Ein braver Mann, so ziemlich das Gegenteil von Schürmann. Oft passt halt ein so genannt Mittelmässiger besser ins Ensemble als der grosse Star.

Womit wir bei Christoph Blocher wären. Mit ihm ist der zurzeit bekannteste und umstrittenste Schweizer Politiker Bundesrat geworden. Er hat vor der Wahl versprochen, die Spielregeln einzuhalten. Das heisst, auch dann Beschlüsse zu vertreten, wenn er im Bundesrat dagegen stimmt und unterliegt.

Die 7 Departemente und ihre Chefs

Christoph Blocher – EJPD

Vom Polemiker zum Bundesrat

Blocher sagte nicht etwa, er wolle Bundesrat werden. Nein, er müsse das tun. Er tut, als ob die Wahl zum Bundesrat ein Opfergang wäre.

Das Missionarische befremdet.

Fehlt nur noch der göttliche Auftrag.

Politische Überzeugungstäter sind unheimlich. Sie bewundern das Absolute. Sie kennen die Wahrheit. Sie haben Mühe mit Andersdenkenden ...

Blocher ist gegen die Stimmen von SP, CVP und Grünen gewählt worden. Die aus zwei Gründen gegen ihn waren: Weil sie der CVP den zweiten Sitz retten wollten und Blocher nicht für bundesratswürdig hielten. Zu lange habe er die Classe politique gedemütigt und lächerlich gemacht, den Bundesrat verhöhnt, politische Gegner verunglimpft, Linke als Kommunisten beschimpft, Andersdenkende pauschal beleidigt. Und das nicht mit gelegentlichen Ausrutschern, sondern systematisch. Blocher könnte, meinen seine Gegner, wegen wiederholten Rufmordes eingeklagt werden.

Das alles ist so.

Blocher hat ein Beleidigungspotenzial in die schweizerische Politik gebracht, das man vor noch relativ kurzer Zeit für undenkbar gehalten hätte. Nur: Er ist der erfolgreichste Politiker der beiden letzten Jahrzehnte.

Es gibt Politiker, die reden so gescheit, dass sie kaum jemand versteht. Blocher ist ein begnadeter Vereinfacher. Der SVP-Mann redet holzschnittartig. Er malt seine Wortbilder schwarz-weiss. Weiss ist richtig, schwarz ist falsch. Das versteht jeder. Auch wenn es auf Kosten der Präzision geht. Halbwahrheiten sind schnell mal Wahrheiten. Oder, wie Schweizers gerne sagen: «Etwas wird schon dran sein.»

Verunglimpfung am Beispiel ‹Scheininvalide›

Nehmen wir die IV, die Invaliden-Versicherung. Sie steckt in den roten Zahlen. Die Zahl der IV-Rentner steigt auffällig markant an. Aber die IV war lange Zeit politisch tabu. Wer möchte schon in den Verdacht geraten, unsozial zu sein.

Versierte Politiker können das IV-Problem sachgerecht, aber überaus kompliziert erklären. Blocher hat von ‹Scheininvaliden› geredet.

Damit hat er nichts anderes getan als den Missbrauch pauschalisiert. Rücksichtslos ungerecht.

Nur: Es ist fast penibel, was dann geschah.

Plötzlich wurde das zuständige Bundesamt aktiv.

Der Vollzug der IV obliegt den Kantonen. Nun erfuhren wir, wie unterschiedlich das dort geschieht. In einem Kanton wird eine IV-Rente offenbar nach Kriterien bewilligt, die im anderen Kanton nicht gelten.

Blocher hat mit seinen ‹Scheininvaliden› also einiges ausgelöst. Das zählt bei den Leuten. «Der getraut sich zu sagen, was andere verschweigen», heisst es.

Blocher verfolgt eine politische Strategie. Er will die Schweiz verändern. Das Vehikel dazu ist seine Partei. Und er schaffte bisher schier Unmögliches.

Blocher hat den mächtigen Zürcher Freisinn, der während Jahrzehnten die Politik des Kantons bestimmte entmachtet. Und damit die schweizerische FDP politisch kastriert.

Blochers zweiter Streich traf die CVP. Die SVP ist in ihre Stammlande eingedrungen. Sie eroberte eine CVP-Hochburg nach der anderen. Seither geht es der Christenpartei ziemlich mies.

Blochers Erfolgsrezept ist einfach: Alles ist erlaubt, was zum Erfolg führt. Man sagt dem auch ‹Der Zweck heiligt die Mittel›. Damit hat er viel Empörung ausgelöst. Aber halt noch mehr Zustimmung. Ob es einem passt oder nicht: Blocher hat die einst kleinste zur stärksten Bundesratspartei gemacht. Über das ‹Wie› wollen wir jetzt nicht richten. Das ist zunächst mal eine strategische Meisterleistung.

Und Empörung ist auf die Dauer ja auch kein politisches Programm. Zuviel davon schwächt das Urteilsvermögen.

Sagen wirs so: Blocher hat mit seinen Verleumdungsarien das politische Klima vergiftet. Er schmeisst zum Beispiel Sozialdemokraten, Kommunisten und Nationalsozialisten in einen Topf, Motto: das gleiche Pack. Das ist perfid und als Lüge historisch nachzuweisen. Doch das stört Blocher nicht. Er ist ein Wiederholungstäter, der wiederholt, was unwahr ist. Munitioniert von seinem Think-Tank Mörgeli und assistiert von Parteichef Maurer.

Wie kann man sich dagegen wehren? Erstens hat kein anderer Politiker und keine andere Partei so viel Geld wie Blocher und die SVP. Er kann es sich leisten, seine Weisheiten über den politischen Gegner als Pamphlet in alle Haushalte der Schweiz verschicken zu lassen. In der Romandie selbstverständlich auf Französisch. Kostenpunkt pro Sendung: eine Million Franken.

Ein Papierkrieg, den sich sonst niemand leisten kann.

Wie könnte man sich dennoch wehren? Blocher vor Gericht zitieren? Dazu hätte ich oft Grund gehabt, nicht nur bei Blocher. Aber Politik gehört für mich nicht in den Gerichtssaal, sondern in die politische Arena.

Einige hat es gelüstet, Blocher mit gleicher Münze heimzuzahlen. Mit dem Vorwurf beispielsweise, er sei ein Faschist, ein Rechtsextremer wie Jörg Haider in Österreich, der schon Nazi-Sturmführer eingeladen hatte. Was bringts? Christoph Blocher ist ein Populist, ein konservativer Patriot, ein unheimlicher Demokrat, ein in der Wahl der Mittel skrupelloser Politiker. Aber Blocher ist kein Faschist.

Gefangener der eigenen Partei – Stichwort EWR und Schengen

Blocher hat auch nicht die geringsten Hemmungen, Parteiinteressen vor die des Landes zu stellen und dabei die Landeshymne anzustimmen. Ihm ist es gelungen, eine für die Schweiz abträgliche Politik als patriotische Tat zu verkaufen: Staatspolitisch wäre der Beitritt zum EWR, dem Europäischen Wirtschaftsraum, die einzig richtige Lösung gewesen. Die Schweiz hätte von den Vorteilen der Europäischen Union (EU) profitiert, ohne ihr beitreten zu müssen. Blocher führte den politischen Kampf seines Lebens dagegen.

Seine Taktik ist immer die gleiche: Er musste ja auch Bundesrat werden, um angeblich die Schweiz vor dem Abgrund zu retten.

Unser Land hat zwar haufenweise Probleme, aber es steht nicht am Abgrund.

Beim EWR baute er fiktive Gefahren auf. Blocher wehrte sich gegen die ‹Kolonialisierung›. Er behauptete, es gehe im Beitritt zum EWR um den Verlust von ‹Unabhängigkeit, Freiheit und Neutralität› der Schweiz. Darum ging es eben nicht. Die Schweiz wäre im EWR weder kolonialisiert noch satellisiert worden. Blocher gelang es, patriotische Gefühle zu mobilisieren und den EWR-Vertrag mit knappem Mehr bachab zu schicken. Am 6. Dezember 1992 stimmten wir ab. 51 Prozent Nein, 49 Prozent Ja.

Das Nein brachte der Schweiz lauter Nachteile.

Mit bilateralen Verhandlungen wird nun versucht, das Schlimmste zu verhüten. Das meiste, was mit dem EWR-Abkommen refüsiert wurde, wird Jahr für Jahr mühsam nachverhandelt.

Der einzige Gewinner vom 6.12.92 ist die SVP.

CVP und FDP wurden auf dem rechten Fuss erwischt. Ihr Ja zum EWR, damals sogar zur EU, vergrämte die Anhänger auf ihren rechten Flügeln. Auf sie hatte es Blocher abgesehen. Er holte sie mit dem Nein zu allem, was EU-verdächtig ist, ab. Seine Rechnung ist aufgegangen.

Wie verhält sich nun Bundesrat Blocher?

Blocher ist als Justizminister für die innere Sicherheit zuständig.

Im Zeitalter der international organisierten Kriminalität ist die Sicherheit im polizeilichen Alleingang nicht mehr zu haben. Europäische Zusammenarbeit ist ein Muss. Dafür gibt es das Stichwort Schengen. Dort hat die EU beschlossen, wie diese Koordination umgesetzt wird. Der Bundesrat will dem Schengen-Abkommen beitreten. Er hat lange genug auf ein Verhandlungsergebnis warten müssen. Aber er braucht noch die Zustimmung des Parlaments.

Blochers private Kampftruppe Auns (Aktion für eine unabhängige und neutrale Schweiz) hatte das Referendum beschlossen, noch bevor die Vorlage dem National- und Ständerat zugestellt wurde. Auch hier wird wieder von der angeblichen ‹Kolonialisierung› der Schweiz geschwafelt. Und der Justizminister bleibt im Geist mit seinen Auns-Brüdern verbunden. Er hat im Bundesrat gegen das Schengen-Abkommen gestimmt. Seither macht er gute Miene zum bösen Spiel. Er hatte ja vor seiner Wahl hoch und heilig versprochen, Mehrheitsentscheide auch dann mitzutragen, wenn er anderer Meinung sei. Bei Schengen hält er sich nicht daran.

Blocher bleibt offenbar bis auf Weiteres ein Gefangener seiner Parteidoktrin. Denn nicht nur die EU an sich ist vom Teufel. Auch alles, was mit aussenpolitischer Öffnung zu tun hat.

Das erinnert an einen Verteidigungsminister, der die Armee ablehnt.

Vom Verschwinden des Wohlfahrtsstaats

Ein harter Prüfstein für Blocher wird die Sozialpolitik werden. Etwas, wovon viele seiner Wähler abhängig sind.

Er hatte Anfang 2000 eine Neujahrsrede verbreitet. Der ungeliebte Parteikollege Adolf Ogi hielt als Bundespräsident die offizielle Neujahrsansprache an die Nation. Blocher musste ihn als Parteiboss doch konterkarieren! Der Wohlfahrtsstaat, erklärte Blocher dort, werde im 21. Jahrhundert verschwinden.

In der Umgangssprache heisst der Wohlfahrtsstaat Sozialstaat. Blocher plädierte für ‹mehr Selbstverantwortung und mehr Marktwirtschaft›. Das geht in Richtung amerikanisches Gesellschaftsmodell, wo der Tellerwäscher zum Millionär werden kann und derjenige, der das nicht schafft, selber schuld ist.

Der Aufstieg vom Tellerwäscher zum Millionär ist ein amerikanisches Märchen. Und Blocher übersieht, wie wenige ihn schaffen und wie viele auf der Strecke bleiben. Z. B. der ‹Working Poor›, der voll arbeitet, aber vom Verdienst nicht leben kann. Das sind in den USA Millionen.

Selbstverantwortung – nach Blocher – besagt: Die tollen Chancen, die uns die Marktwirtschaft bietet, nutzen. «Ich habe es doch auch geschafft», denkt er. Und vergisst, dass die meisten Menschen zum grossen Heer der Lohnabhängigen gehören, die weder arm noch reich sind, aber schon eine etwas kompliziertere Operation im Spital nicht aus dem privaten Sack bezahlen könnten.

Als Nationalrat hat Blocher auch folgendes Unsägliche behauptet: Wer arbeiten wolle, könne arbeiten. Deshalb soll, beantragte er, in den ersten 30 Tagen kein Arbeitslosengeld bezahlt werden.

Dann finden ‹diese Brüder› schon Arbeit, wird er sich gedacht haben. Man muss sie nur Mores lehren.

Arbeitslosigkeit ist – darauf lief es hinaus – selbst verschuldet. Auf Kosten der Tüchtigen und Fleissigen springt dann der Sozialstaat für die Schmarotzer und Faulen ein. Wer so redet, hat kaum viel Verständnis für den Sozialstaat.

Nur hat Blocher nach Annahme der Wahl den Eid auf die Bundesverfassung geleistet. Dort steht ganz am Anfang, es müsse alles getan werden, ‹um die gemeinsame Wohlfahrt zu fördern›. Das ist ein klares Bekenntnis zum Sozialstaat.

Vom Justizminister erwarten wir erst recht, dass er seinen Eid nicht bricht.

Bundesrat Blocher verteidigt einen schlanken Staat konsequent. An der OLMA 2004 in St. Gallen drohte er den Bauern mit dem Entzug von Bundesgeldern. Das heisst, der Justizminister will auch sie auf die Wildbahn des freien Marktes jagen. Das könnte für die SVP als klassische Bauernpartei Zoff absetzen.

Der härtere Kurs im Asylbereich

Ist Christoph Blocher eigentlich ein Zyniker?

In der Konsequenz seiner Auffassungen ja. Persönlich nein. Der Mann kann unterhaltsam sein, umgänglich, er findet den Ton zu den Leuten problemlos. In der Ems-Chemie war Blocher ein Unternehmer vom Typ Patron. Der in der Fabrik einen Arbeiter zum Beispiel so begrüsste: «Müller, ist Ihre Frau wieder ‹zwäg›, oder ist sie noch immer im Spital?»

Anders benimmt sich der Politiker Blocher.

In seiner noch kurzen Zeit als Justizminister ist das Klima im Asylbereich beispielsweise härter geworden. Asylbewerber werden konsequent als Illegale tituliert, die eigentlich bei uns nichts zu suchen haben.

Bundesrat Blocher weiss, was er der Partei schuldet. Nachdem er das Justizdepartement gegen seinen Willen übernehmen musste, darf man sich darüber nicht noch wundern. Im Sommer 2004 hat er eine neue Asylgesetzrevision in die Vernehmlassung gegeben. Erwartungsgemäss schlägt er auf der ganzen Linie massive Verschärfungen vor. Kantone und Gemeinden, Hilfswerke und UNO-Flüchtlingsorganisation sowie die Kirchen protestieren. Selbstverständlich hat Blocher damit gerechnet. Das ist kalkulierte Provokation. Der Justizminister macht Parteipolitik. Um seinen Anhängern zu beweisen, dass in Sachen Asylwesen im Bundeshaus ein neuer Wind weht. Das haben sie von ihm erwartet.

Blocher spielt Risiko. Kommt er mit seinen Vorschlägen durch, erhöht das seinen Nimbus beim SVP-Wahlvolk. Scheitert er, sind die anderen schuld: Bundesrat und Parlament. Blocher kann seine Vorschläge dem Parlament nur dann zum Entscheid vorlegen, wenn ihm der Gesamtbundesrat dafür grünes Licht gibt. Dann ist es die Vorlage des Bundesrates. Das heisst, sie wird dort diskutiert. Ob Blocher eine Mehrheit bekommt oder Änderungen hinnehmen muss, am Schluss wird er vor dem Parlament das vertreten müssen, was die Mehrheit im Bundesrat beschlossen hat.

Die zweite und dritte Runde folgt dann im Stände- und anschliessend im Nationalrat. Ob die Vorlage integral oder abgeändert angenommen oder am Schluss zurückgewiesen wird, entscheidet in beiden Räten die Mehrheit. Ein Beschluss ist nur dann zustande gekommen, wenn beide Räte dem gleichen Text bis auf das letzte Komma zustimmen werden.

Und dann wird Blocher Bilanz ziehen. Erreicht er, was seine Partei und ihre Anhänger von ihm erwartet haben, ist er der ‹Held›. Im anderen Fall bleibt er der verhinderte ‹Sieger›. Der es versucht hatte, aber am Erfolg gehindert wurde. An dem, was er für richtig gehalten hätte.

Asylpolitik

Der Bundesrat hat im August 2004 mehrheitlich folgende Vorschläge von Justizminister Blocher gutgeheissen und an das Parlament weitergeleitet:

Fürsorgestopp: Seit April 2004 sind Asylbewerber, auf deren Gesuch gar nicht erst eingetreten wurde, von der Sozialhilfe ausgeschlossen. Das war noch unter Blochers Vorgängerin Ruth Metzler beschlossen worden. Damit soll erreicht werden, dass die Betroffenen die Schweiz verlassen werden. Wie sich zeigt, tauchen sie vorerst mal in die Illegalität unter. Neu soll es auch für abgewiesene Gesuchsteller keine Sozialhilfe mehr geben.

Ausschaffungshaft: Heute können Asylsuchende, die sich nicht ausschaffen lassen, während maximal neun Monaten in Haft genommen und müssen dann freigelassen werden. Blocher will die Haft auf zwei Jahre verlängern. Der Bundesrat stimmte mehrheitlich zu.

Papierlose: Es kommen viele Asylsuchende ohne Ausweispapiere in die Schweiz. Nur wenn eindeutig festgestellt werden kann, dass es sich um einen Flüchtling handelt, wird sein Gesuch behandelt.

Nicht zugestimmt hat der Bundesrat der von Blocher vorgeschlagenen Beugehaft für Asylsuchende, die sich der Ausschaffung widersetzten.

Die humanitäre Aufnahme gilt weiterhin für Asylsuchende, die aus einer Region stammen, in der zum Beispiel Bürgerkrieg herrscht. Blocher musste hier nachgeben.

Nun muss ein Justizminister nicht das Gemüt der Mutter Teresa haben. Aber hie und da ein Wort des Mitleids für Menschen, die kaum aus Lust zu uns flüchten, wäre kein Luxus. Zu spüren, dass der Justizminister auch ein Herz hat, könnte gut tun.

Diese freudlose Kälte, die von ‹Bern› ausgeht, wenn über ‹Asylanten› geredet wird, schafft ein ungutes innenpolitisches Klima. Als ob Asylanten die grösste Bedrohung überhaupt darstellten! Es fehlt eigentlich nur noch der Ausnahmezustand.

Millionen Menschen flüchten von einem armen Land in das andere arme Land. Nur wenige erreichen den Westen, also auch die Schweiz nicht.

Das Problem ist unlösbar, solange noch so viele Menschen im Armenhaus der Welt leben.

Gerne wird gesagt: «Wir können doch nicht alle aufnehmen.» Natürlich nicht. Und gegen Kriminelle gibt es kein Pardon. Aber die vielen armen Menschen, die bei uns anklopfen, dürften etwas mehr von der viel gerühmten humanitären Tradition der Schweiz spüren.

Es braucht dann immer noch die harte Hand des Justizministers.

Um seinen Job muss ihn keiner beneiden.

Sparen bei der Sicherheit

Blochers öffentliche Auftritte sind, wie die Welschen sagen, impeccable. Tadellos. Also hat er sich als Bundesrat zurechtgefunden? Ich meine nein. Er hat nur das Kostüm gewechselt, spielt aber noch die gleiche Rolle. Nun allerdings im falschen Stück.

Blocher ist auch vom Sparen wie hypnotisiert. Dabei redet er immer von der Sicherheit auf der Strasse, im Quartier, an den Grenzen. Und da er ja politisch nicht blind ist, bleibt die Frage: Warum übersieht er die Realität?

Die Verkehrsunfälle nehmen wieder zu. Raser sind dafür nur die traurigsten Zeugen. Die Polizeikontrollen müssten als wirksame Präventivmassnahmen massiv ausgebaut werden. Aber dazu fehlt das Geld. Damit das Personal.

Die ‹Neue Zürcher Zeitung› kritisiert, «der unerlaubten Beschäftigung, dem Betrug gegenüber öffentlichen Kassen, dem sozialen Missstand, der Erosion der Rechtsordnung» werde praktisch tatenlos zugeschaut. Es fehlten das Personal und der politische Wille, etwas zu ändern. Warum? Sparen geht vor.

Weiter:

Der Justizminister schätzt die Zahl der in der Schweiz illegal lebenden Menschen auf 50 000 bis 300 000. Das ist ein doppelter Skandal. Zum einen die hohe Anzahl Illegaler, zum andern die beiden Zahlen, die dermassen weit auseinander liegen, dass klar ist: Die Behörden haben den Überblick total verloren. Was für den Rechtsstaat fatal ist.

Die gleiche Misere herrscht bei der Grenzkontrolle. Die Fachleute fordern verstärkte Grenzkontrollen. Das Grenzwachtkorps hingegen beklagt einen Unterbestand von fast 300 Mann. Mit dem Sparprogramm 04 sollen weitere 200 Stellen gestrichen werden. Wo bleibt da die Logik?

Sparen wird zur Hysterie. Eine klare Strategie ist nicht erkennbar. Wir werden im Ungewissen gehalten, welche Ziele sich die Obersparer der Nation gesetzt haben, wohin ihre Reise eigentlich führen soll.

Dass sie uns das verschweigen, nährt das Unbehagen. Offenbar meinen sie es ernst. Man muss ihnen das Handwerk legen.

Blocher denkt gerne laut nach. Ihn betört der Gedanke, bei den Ausgaben des Bundes 15 Milliarden zu streichen. Das wären über 25 Prozent des Gesamtetats. Wie der Staat nach dieser Rosskur aussähe, hat er früher gesagt. Mit seiner Neujahrsrede 2000, die er uns allen broschiert zustellen liess: Wohlfahrtsstaat ade.

In den achtziger Jahren hatten wir die Jugendunruhen. Auf Transparenten war zu lesen: «Macht aus dem Staat Gurkensalat.» Wollen das nun Blocher & Co nachholen?

Blocher im Bundesrat kostet seinen Preis. Das wusste man von Anfang an. Das Experiment drängte sich auf. Nach dem Wahlsieg der SVP war der zweite Sitz im Bundesrat ausgewiesen. Ich persönlich billigte – nach meinen leidvollen Erfahrungen mit den SP-Tickets – auch dieser Partei das Recht zu, ihren Vertreter im Bundesrat selber zu bestimmen. Auch wenn der Blocher hiess.

Aber ein Bundesrat muss konsensfähig sein, um regieren zu können.

Blocher hat die Chance zu zeigen, ob er das kann oder nicht, ob er will oder nicht. Wenn er hingegen als Bundesrat weiterhin nicht von seinen Extrempositionen wegkommt, missachtet er eine alte Erfahrung: Maximalforderungen hindern uns daran, die begrenzten Möglichkeiten wahrzunehmen.

Die Akte ‹Blocher als Bundesrat› bleibt offen.

Führt der Weg in die EU über Blocher?

Die Schweiz steckt in einem Dilemma.

Der Bundesrat hat vor zwölf Jahren in Brüssel das EU-Beitrittsgesuch deponiert. Und beim Stimmvolk gibt es für einen Beitritt noch immer zu wenig Rückhalt. Das heisst, vorläufig kann die Option Beitritt nicht eingelöst werden. Umgekehrt ist die Schweiz de facto in der EU. Sie muss in wesentlichen Belangen EU-Entscheide übernehmen. Anders würde sie sich selber schaden. Unsere Wirtschaft ist von der EU abhängig. Nicht dabei sein wollen, aber mitmachen müssen – das ist auf Dauer keine Lösung.

Und zweifellos eine unbefriedigende Situation. Mit der man zwar leben kann. Nur: Sollen wir das im aufrechten Alleingang schaffen? Das ist gar nicht möglich.

Die Analyse also ist relativ unbestritten.

In der Schweiz bewegt sich bekanntlich erst dann etwas, wenn das Abseitsstehen wehtut.

Solange wir uns pragmatisch durchwursteln können, haben die EU-Gegner Oberwasser.

Die Wende, wenn sie denn unvermeidlich würde, wäre nur mit Bundesrat Blocher zu schaffen.Das wäre dann der Sprung vom parteipolitischen Polemiker zum staatsmännischen Bundesrat.

Blocher ist nun einmal ein besonderer Politiker. Die Erwartungen seiner Anhänger an ihn als Bundesrat sind riesengross. Das weiss er. Trotzdem hat er dieses Amt gesucht. Nun muss er diesen Erwartungen auch gerecht werden. Gemeint sind nicht die seiner Parteiklientel, sondern primär die des Landes. Das verlangen wir von jedem Bundesrat. Landesinteressen vor Parteiinteressen zu stellen, ist ein Zeichen souveräner Stärke.

Deshalb musste Blocher in den Bundesrat. Um beweisen zu können, was er will oder kann.

Springt er nicht über den SVP-Schatten, ist er gescheitert. Aber auch dieses Experiment hätten wir uns nicht ersparen dürfen. Blocher in der totalen Opposition wäre ein Mythos geworden. Das wäre unerträglich gewesen.

Wenn ich das schreibe, plädiere ich für etwas mehr Verständnis und hartnäckige Geduld. Vielleicht umsonst. Leicht macht es uns Blocher nicht. Das liegt an seinem Naturell. Der mit einem ungewöhnlichen Potenzial an Begabungen versehene Politiker kann nur an sich selber scheitern. Verlässt er sich auf seine unternehmerische Kompetenz, kann er reüssieren.

Konserviert er seinen Mythos, wird er verlieren.

Samuel Schmid – VBS

Die Karriereplanung der Sphinx aus dem Kanton Bern

Sein Vorgänger Adolf Ogi ist ein begnadeter Selbstdarsteller. Ziemlich bald machte der schweizweit bekannt, dass er aus Kandersteg kommt und sein Vater Förster war. Von Samuel Schmid wissen wir nach vier Jahren noch nicht einmal, wie seine Frau heisst. Er ist das Kontrastprogramm zu Ogi. Der bedächtige Schmid redet so langsam, dass man zu hören meint, wie es in ihm denkt. Jeder Satz ist Schwerarbeit. Wer verbal so schleppend daherkommt, handelt kaum voreilig.

Es gibt Politiker, die kennen nur ein Ziel: Bundesrat zu werden. Flavio Cotti war so einer.

Cotti musste 1983 aus dem Tessiner Staatsrat zurücktreten, wegen der Amtszeitbeschränkung auf zwölf Jahre. Er liess sich im gleichen Jahr in den Nationalrat wählen. Da der Parteivorsitz frei geworden war, übernahm er auch den noch. Das passte bestens in seine Planung.

1973 war mit Nello Celio der letzte Tessiner aus dem Bundesrat zurückgetreten. Und 1987 würde Alphons Egli aufhören. Das hatte er nach seiner Wahl versprochen. Ihn reizte das Frührentnerdasein mit dem bundesrätlichen Ruhegehalt. Und er schaffte es mit nur fünf Dienstjahren. Einem mehr als ursprünglich vorgesehen.

Dann wird es wieder mal Zeit für einen Tessiner, sagte sich Flavio Cotti: «Für mich.»

Seine Leistung im Nationalrat war unerheblich. Er sass die vier Jahre ab. Und befand sich ständig auf Goodwilltour. Der joviale Tessiner buhlte und kämpfte um jede Stimme. Mit Erfolg. 1987 wurde er als Nachfolger von Alphons Egli in den Bundesrat gewählt.

Auch Samuel Schmid betrieb eine sorgfältige Karriereplanung.

Drei Eckdaten waren wichtig.

Erstens: Der Kanton Bern ist seit langem ununterbrochen im Bundesrat vertreten. Zweitens: Die SVP stellt seit 1929 den Amtsinhaber. Drittens: Adolf Ogi würde nach etwa zwölf Jahren zurücktreten. Also um das Jahr 2000 herum.

Das Problem von Schmid und der Berner SVP war lediglich dessen mangelnde Zugkraft beim Wahlvolk. 1991 nämlich hatte es der ‹Sämi› wieder nicht in den Nationalrat geschafft und war erneut auf dem ersten Ersatzplatz gelandet. Dass sich dieses ‹Drama› 1995 wiederholen könnte, schlossen die Parteistrategen nicht aus. Der ‹Sämi›, mit dem die SVP Grosses vorhatte, musste deshalb bis 1995 ‹nachrücken›.

Als die Zeit knapp geworden und niemand von den Gewählten zurückgetreten war, musste nachgeholfen werden. Kennwort: «Machen Sie Platz, Madame.» Gemeint war Nationalrätin Susanna Daepp, eine einfache Bäuerin. Inmitten der Herrenbauern und Verbandsfunktionäre war sie stets als heimliche Fehlbesetzung gehandelt worden, und eigentlich hätte ‹Sämi› Schmid längst auf ihrem Stuhl sitzen sollen. Aber irgendwie schienen das die Wähler nicht kapiert zu haben, Frau Daepp wurde gewählt, Schmid nicht. Eine Schande. Item, nach der Sommersession 1994 verabschiedete der Ratspräsident die einzige Bäuerin im Rat. Dass sie nicht freiwillig aufhörte, verschwieg Susanna Daepp keinem. Sie war für die SVP zur unerwünschten Person geworden.

Nun befand sich also Samuel Schmid in der bundespolitischen Umlaufbahn. Und dann ging alles schnell.

Um die Zürcher Dominanz in der Partei etwas auszugleichen, wurde Schmid Fraktionspräsident. 1999 nominierte ihn die Berner SVP als Ständeratskandidaten. Auf einen der zwei Sitze ist sie seit Jahrzehnten abonniert. Schmids Wahl war lediglich eine Formsache. Nun musste nur noch Adolf Ogi demissionieren. Ende 2000 war es so weit.

Die SVP-Führung um Christoph Blocher und Ueli Maurer nominierte für die Nachfolge von Ogi zwar ein Zweierticket ausserhalb Berns: Regierungsrätin Rita Fuhrer aus Zürich und Regierungsrat Roland Eberle aus dem Thurgau. Beiden ging der Schnauf jedoch schnell aus, und übrig blieben zwei inoffizielle Kandidaten: Ständerat Samuel Schmid und Nationalrat Ulrich Siegrist.

Siegrist war Aargauer Regierungsrat, gilt als umweltgrün angehaucht, präsidiert die Schweizerische Offiziersgesellschaft und wurde bei dieser spannenden Bundesratswahl von den Rot-Grünen unterstützt.

Plötzlich befand sich die SVP-Fraktion in der misslichen Situation, zwischen zwei Übeln wählen zu müssen. Das kleinere Übel hiess Samuel Schmid.

Seine Strategie war aufgegangen. Er hatte im Parlament einen moderaten Anti-Blocher-Kurs befolgt. Und sicherte sich damit die Stimmen der bürgerlichen Gegner von Blocher. Das waren viele. Zudem avancierte er in der Schlusswahlrunde fast noch zum offiziellen Kandidaten der SVP-Fraktion. Denn die wollte den ‹linken› Siegrist um jeden Preis nicht.

Pokerface und halber Bundesrat

Älteren ist Buster Keaton ein Begriff. Als grosser Schauspieler. Man nannte ihn den ‹Mann ohne Gesicht›. Gemeint war der Mann mit dem stets gleichen Gesicht. Der keine Miene verzog. Ob eine schöne Frau vor ihm stand. Oder ein Pferd vom Dach stürzte. Ob ihm der amerikanische Präsident die Hand gab.

Ein Buster Keaton ist Schmid natürlich nicht. Aber ein paar Anleihen könnte er bei ihm gemacht haben. Schmid hält seinen Gefühlshaushalt im Allgemeinen streng unter Kontrolle. Bis er vor Freude einen Luftsprung machen würde, müsste Köbi Kuhns Nationalelf wohl Weltmeister werden. In raren Momenten verschenkt Sämi ein Lächeln. Ein eher verschmitztes meistens. Seine Kollegin Micheline kann ihres jederzeit in Sekundenbruchteilen abrufen. Sämi gibt seines nicht so schnell her. «Wir wollen nicht übertreiben», denkt er wohl.

So zäh der Einstieg in die Bundespolitik war, so schnell ging es dann aufwärts.

In den ersten drei Jahren dürfte Schmid ein glücklicher Bundesrat gewesen sein. Einziger der SVP, herrlich. Die Alleinvertretung war für Schmid ideal gewesen.

Bundesrat Schmid ist ein politischer Feinmechaniker. Er feilt an Details herum und kann sich ganz selten ganz schnell entschliessen.

Hie und da aber fiel er aus dem SVP-Rahmen. Bei der Abstimmung über den UNO-Beitritt und den Friedenseinsätzen der Armee z. B., da liess er seine Nein-Partei im Stich.

Dafür bezog er dann von der schweizerischen SVP verbale Prügel. Blocher degradierte ihn öffentlich zum ‹halben Bundesrat›, als Strafe, weil er von der offiziellen Parteilinie abwich. Schmid jedoch tat, als ob ihn das nichts anginge. Mit dem Buster-Keaton-ähnlichen Gesicht.

Und je mehr ihn die eigene Fraktion ausgrenzte, desto stärkeren Rückhalt fand er bei den Bürgerlichen von CVP und FDP. Sogar Sozialdemokraten liessen ihn in Ruhe. Wissend, wer solche Freunde hat, braucht keine Feinde.

Verteidigungsminister Schmid muss sich öfters gegen die Parlamentarier aus der eigenen Fraktion verteidigen. Die SVP-Betonköpfe werfen ihm vor, er handle neutralitätswidrig, setze die Armee im Kosovo, also im Ausland ein, statt sie darauf vorzubereiten, das eigene Land zu schützen und sie auf den nächsten militärischen Angriff vorzubereiten.

Diese Parteifreunde plädieren immer noch für den militärischen Alleingang: Die Schweiz müsse einen militärischen Angreifer besiegen können. Allein.

Ulrich Schlüer wollte die Armee auch schon gegen Flüchtlinge einsetzen.

Damit kein Missverständnis aufkommt: nicht gegen Steuerflüchtlinge, sondern gegen Asylsuchende. Schlüer ist auf dem sicherheitspolitischen Terrain Blochers ‹Minenhund›.

Die Armee an die Grenze zu stellen, um Flüchtlinge abzuwehren, wäre Krieg gegen die Armen. Statt gegen die Armut.

Diesem Ansinnen hat Schmid bisher widerstanden.

Militärs sind Wiederholungstäter

Das VBS hiess bis vor kurzem EMD, Eidgenössisches Militärdepartement. Rudolf Gnägi war elf Jahre Verteidigungsminister. Bis 1979. Seither hat es keiner mehr so lange ausgehalten. Samuel Schmid ist nach Gnägi schon der sechste. Alle vier Jahre gab es einen neuen. Das stärkt die Militärs. Sie sind die Profis. Sie bleiben. Der politische Chef ist auf sie angewiesen. Der eine mehr als der andere.

Die politische Verantwortung jedoch trägt der Departementsvorsteher. Vor dem Parlament vertritt er die Rüstungskredite. Nicht die Militärs.

Wie bildet er sich sein Urteil, um nicht völlig von den Militärprofis abhängig zu sein? Denn die wollen, das haben sie in all den Jahrzehnten bewiesen, das so genannt Beste. Das Teuerste also. Den Rolls Royce halt. Auch wenn ein VW genügen würde.

Beispiel Panzer. Die Generäle hatten immer nur vom deutschen Leopard geschwärmt. Den mussten sie haben. Zehn Millionen Franken das Stück. Preisgünstigere Alternativen wurden gar nicht ernsthaft diskutiert.

Nun stehen 124 Leopard-Panzer im Parking. Mangels Gebrauch.

Das Gleiche geschah mit den Panzerhaubitzen.

Diese Riesengeschütze waren in Serien beschafft worden. Immer noch eine Serie mehr. So lange, bis die Schweizer Armee nach der US-Army die grösste Panzerhaubitzenflotte besass. Man stelle sich das mal vor! Nun müssen für diese Ungetüme Käufer auf dem globalen Billigmarkt gefunden werden.

Militärs sind Wiederholungstäter. Auch beim F/A-18-Kampfbomber erliessen sie ein Denkverbot. Der F/A-18 musste es sein. Kein anderer. Budgetiert wurden 100 Millionen Franken. Für einen F/A-18. Ausländische Experten, die davon abrieten, galten als ‹Stümper›. Ein Schweizer Experte, der weltweit als Fachmann anerkannt ist, wurde als Störfaktor abgetan. Kostengünstigere Kampfflugzeuge waren als ungenügend vorverurteilt worden.

Der Entscheidungsprozess verlief stets nach demselben Raster: Die Militärs entschieden. Dann galt es, den Departementsvorsteher zu gewinnen. Machte er mit, lag von nun an die Verantwortung bei ihm. Vorbereitet wurde das Rüstungsgeschäft in der Militärkommission des National- und Ständerats. Deren Mitglieder erhielten viele Berichte, viele Grafiken, wenig Informationen. Deshalb holte ich mir die Infos meist im Ausland. In Bonn, Stockholm oder Wien. Zweimal mit Erfolg. 1985 wurden vom beantragten Kredit für 420 Panzer Leopard 990 Millionen Franken eingespart (vgl. S. 61, Hayek). Und 1997 wurde ein Kredit von 456 Millionen Franken um einen Drittel gekürzt. Für 456 Millionen Franken sollten die Geschütze auf den Panzerhaubitzen um zehn, zwölf Zentimeter verlängert werden. Warum? Damit sie nachher sechs, sieben Kilometer weiter schiessen. Machte das Sinn? Das sagten sie uns nicht.

Von diesen zwei Ausnahmen abgesehen schluckte die bürgerliche Parlamentsmehrheit in meinen 34 Jahren als Nationalrat alles, was vom EMD kam. Und das war viel. Jedes Jahr ein so genanntes Rüstungsprogramm. Und jedes Mal ging es um Milliardenbudgets. Erst in jüngerer Zeit liegen sie unter der Milliardengrenze.

Die Armee brauche Transportflugzeuge, fordern die Militärs heute. Um bei UNO-Aktionen Personal und Material an ihre Einsatzorte fliegen zu können. Vorläufig werden solche Maschinen bei Bedarf gemietet. Das halten Armeeprofis jedoch für unmilitärisch. Nötiges Gerät müsse man besitzen, nicht leasen. Für den Ernstfall. Das Departement hat für den Kauf grünes Licht gegeben. Auf der Wunschliste der Militärs stehen zwei Transportmaschinen vom spanischen Typ Casa C-295M. Kostenpunkt: beide 109 Millionen Franken. Ist der Preis angemessen? Wer weiss das? Samuel Schmid, VBS-Chef?

Für den besten Preis sorgt der Wettbewerb. Eine Konkurrenzofferte kann Wunder vollbringen. Oder Aufregung auslösen. Das Problem der Armee war aber schon immer und ist es noch: Die Militärs entscheiden zuerst, was sie wollen. Für sie ist der Preis sekundär. Den zahlen sie – nicht aus dem eigenen Portemonnaie.

Vielleicht, dachten wir, habe sich ja unter Samuel Schmid einiges geändert. Im Gegensatz zu seinen Vorgängern ist sein Budget doch knapper geworden. Er und seine Armeecrew müssen anders rechnen. Sollte man meinen.

Was viele überrascht, ist gleichwohl so: Russland verfügt über eine sehr leistungsfähige Flugzeugindustrie. Zusammen mit der Ukraine. Von der ehemaligen Sowjetunion hat das heutige Russland viel wirtschaftlichen Schrott geerbt. Bis auf die Flugzeugindustrie. Die war top. Mig-Kampfflieger zum Beispiel lösten bei westlichen Fachleuten immer Bewunderung aus. Item. Die Tradition ist geblieben.

In russischen Flugzeugwerken wird für Boeing, Airbus und andere gearbeitet.

Die Russen haben mit der Antonow-70 seit langem ein kampferprobtes Transportflugzeug auf dem Markt.

Ein ausgewiesener schweizerischer Fachmann bemühte sich, den VBS-Chef darauf aufmerksam zu machen. In der Annahme, das könnte ihn interessieren. Was scheinbar so war.

Schmid verdankte das Angebot. «Ich leite es an die zuständigen Instanzen in meinem Departement weiter», so der Brief. Damit war der Versuch, ihn persönlich zu informieren, im Sande verlaufen. Denn die ‹zuständigen Instanzen› waren bereits kontaktiert worden. Ihre Neugier hielt sich in Grenzen. Weniger höflich: Interesse null.

So war es schon immer. Militärs wissen, was sie wollen. Für sie gab und gibt es keine zweitbeste Lösung. Weil das wahrscheinlich als Schwäche betrachtet wird. Und so wissen wir bis heute nicht, was zwei Transportmaschinen Antonow-70 kosten würden. Das bleibt unter Verschluss.

Zum Glück ist immer noch das Parlament da. Nach dem Ständerats-Nein vom 30. August 04 zum Ausbau der Panzerarmee, wird der Nationalrat auch bei der Beschaffung der beiden Transportflugzeuge wohl ein Zeichen setzen.

Wer ist der Chef?

Vielleicht war der freisinnige Nello Celio der letzte richtige EMD-Chef. Allerdings blieb er nur zwei Jahre. 1968 übergab er das Geschäft an Rudolf Gnägi, weil es ihn ins Finanzdepartement zog. Er sei doch nicht von Lugano nach Bern gekommen, erklärte er mir einmal, «um mich jeden Tag grün und blau zu ärgern.»

Als Korpskommandant Züblin damals einen öffentlichen Wirbel auslöste, griff Celio ein. Der hohe Militär hatte einen Friedensgeneral gefordert. Celio zitierte alle Korpskommandanten zum Rapport: «Meine Herren, es ist die Rede von einem Friedensgeneral. Der Friedensgeneral bin ich, Chef EMD. Diskussion geschlossen.» So war es.

Nicht so souverän, aber immerhin punktuell bewies Kaspar Villiger im EMD Führungsstärke. Zum Beispiel, als er Arthur Liener zum Generalstabschef ernannte. Und das an allen sieben Korpskommandanten vorbei.

Liener war die Ausnahme von der Regel. Wer die Leistung nicht erbrachte, hatte unter ihm nichts zu lachen. Und als Demokrat respektierte er die Hierarchie: Nicht die Militärs machen Politik, sondern der Bundesrat. Ihm machte es auch keine Mühe, andere Meinungen in seine Entscheidungen einzubeziehen.

Seit Blocher Bundesrat ist, hat Schmid noch weniger eigenen Handlungsspielraum. Ich glaube nämlich nicht, dass er sich nun zu zweit stärker fühlt. Wohler schon gar nicht. Jetzt sitzt der Aufpasser mit im Gremium. Schmid gehört natürlich zu den vier Rechten. Persönlich sieht er sich als Liberalkonservativer. Mit der Betonung: mehr konservativ als liberal.

Von Bundesrat Schmid wird weiterhin Loyalität zur SVP verlangt. Näher zu Blocher also? Er weiss doch genau, dass als Satellit von Blocher kein politisches Profil zu gewinnen ist. Also muss er sich irgendwie arrangieren. Zwischen Berner und Zürcher SVP, zwischen Militärs, Medien und Parlament. Und zwischen dem Unvermeidlichen und gerade noch Zumutbaren lavieren. Im Gegensatz zur SVP befürwortet Schmid das Schengen-Abkommen. Das ist für ihn durchaus eine Mutprobe.

Schmid ist begabt, eher Unbedeutendes mit steifer Würde vorzutragen. Vielleicht will er damit ablenken. Um nicht über Wichtiges reden zu müssen. Wenigstens nicht zu früh. Der Mann mit der Pokermiene lässt andere gerne im Ungewissen. Das erinnert an einen Gastgeber, der seine Besucher zum Bleiben einlädt, ohne sie am Gehen zu hindern. Sollen sie bleiben oder gehen? Das sagt er nicht.

Konkursverwalter

Samuel Schmid ist im Bundesrat der Konkursverwalter. Er führt zwar das VBS, das Eidgenössische Departement für Verteidigung, Bevölkerungsschutz, Sport. Von der Arbeitsbelastung her vielleicht ein angenehmes Pensum. Politisch jedoch ist das Departement eine Abbruch GmbH.

Die Armee befindet sich auf dem Rückzug. Nicht vor dem Feind. Den gibt es nicht mehr. «Es ist weit und breit kein Feind in Sicht», klagte schon der frühere Generalstabschef Heinz Häsler verzweifelt. Eine Armee ohne Feind – die ist verloren.

Der Kalte Krieg war wie gesagt für die Militärs eine herrliche Zeit. Die Bürgerlichen bewilligten im Parlament jeden Rüstungskredit. Heute weiss die Armee nicht mehr wohin mit dem überschüssigen Material. Der Überfluss wird nun zum Ausschuss.

Im Kalten Krieg war patriotische Disziplin verlangt. Wer nicht spurte, machte sich verdächtig. Kritik an Armee und Landesverteidigung wurde als staatsfeindliche Handlung taxiert. 900 000 subversive Elemente – so der amtliche Jargon – waren in der Kartei der Bundespolizei registriert worden. Fast eine Million. Das war unser innerer Feind. Vor dem die Armeeführung Angst hatte.

Und die hätte im Ernstfall das Land verteidigen sollen!

Verteidigungsminister Samuel Schmid übernahm die ‹Armee 95› mit 500 000 Mann. Er baute sie als ‹Armee XXI› um. Mit noch 200 000

Mann, 80 000 Reservisten mitgezählt. Der nächste Umbau wird bereits geplant.

Als die SP, es sind noch keine zehn Jahre her, die Armee halbieren wollte, zeigte sich die politische Rechte fassungslos und malte zwar nicht gerade den Untergang der Schweiz an die Wand, aber so etwas Ähnliches. Heute wird die Armee nicht nur halbiert, sondern regelrecht filetiert.

Samuel Schmid ist Chef einer Truppe, die nicht mehr gefragt ist. Für die Aufträge gesucht werden: Bewachung von ausländischen Botschaften. Einsatz zum Schutz von internationalen Konferenzen. Friedenseinsätze für die UNO. Die machen wenigstens militärisch noch Sinn. Die Polizei- und Bewachungsaufgaben im Inland hingegen werden zunehmend als Strafe empfunden. Die Klagen häufen sich. Offiziere reagieren verärgert. Sie fragen sich, ob sie dafür ihre Zeit für die militärische Karriere noch aufbringen sollen. Was unter dem Titel Bevölkerungsschutz verlangt wird, demoralisiere die Truppe. Heisst es. Irgendwie sei das einer Armee unwürdig. So die Meldungen von der ‹Front›.

Für Bundesrat Schmid muss das politische Desinteresse an der Armee deprimierend sein. Nicht einmal mehr die Bürgerlichen machen überzeugt mit. Das waren mal ihre treusten Anhänger.

Im Kalten Krieg zwischen Moskau und Washington galt die Armee als Garant für die innere und äussere Sicherheit. Was immer sie an Ausrüstung brauchte, bekam sie. Heute bemüht man sich, Panzerhaubitzen, Schützenpanzer, Panzer und anderes Gerät ins Ausland zu verkaufen. Mit gehörigen Abschreibern natürlich, denn Höchstpreise werden keine bezahlt. Der Käufer weiss, dass die Schweizer ihre Überschussware loswerden wollen, koste sie was auch immer.

Ein Geschäft ist es allemal. Jede Granate, jedes Sturmgewehr, jede Panzerhaubitze bringt Geld, und mögen sie noch so billig ‹verschuttet› werden; weil sie längstens auf null abgegschrieben sind. Daher wird jeder Franken zum Gewinn, sagen die Händler der Armee. Dass ihre teuren ‹Spielzeuge› mal mit Steuergeldern finanziert wurden, wird ausgeblendet.

Denn noch übler ist es mit dem Zeugs, das unverkäuflich ist. Das muss nämlich aufbewahrt werden. Ein Teil der Leopard-Panzer liegt eingemottet – so der militärische Jargon – in klimatisierten Hallen. Klimatisiert deshalb, damit sie nicht rosten. Das sind die heutigen Sorgen des Verteidigungsministers: der Kampf gegen den Rost. Und das allmähliche Aufheben der Zeughäuser; damit verbunden die neue Kündigungswelle. Vor allem in den Berggebieten.

Tröstlich, dass Samuel Schmid nicht nur Verteidigungsminister, sondern auch Sportminister ist.

Es hätte wohl niemanden überrascht, wenn er nach Adolf Ogi abgefallen wäre. Ogi ist mit Leib und Seele Sportler. Das Amt war für ihn ein Massanzug.

Samuel Schmid ist kein Modellathlet.

Aber Schmid macht den Job gut.

Einfach anders als Ogi. Er zelebriert das Amt.

Mit dem ihm eigenen spröden Charme.

Pascal Couchepin – EDI

Schlüsselfigur oder Provokateur?

Der Rechtsrutsch vom 10. Dezember machte Angst, nun werde Blocher im Bundesrat das Kommando übernehmen. Mit Erfolg hat er das in der Ems-Chemie und SVP vorgemacht.

Aber die vier Herren der SVP und FDP sind, wie wir heute wissen, keine verschworene Truppe.

Hans-Rudolf Merz ist unberechenbar sprunghaft. Kulturell ein liberaler, offener Geist, der nicht zu einer geschlossenen Gesellschaft passt, wenn er auch, das indessen steht fest, die Rechtsspur vorzieht.

Der wichtigste Grund, dass die ‹Viererbande› bisher nicht so aufgetrumpft hat, wie das sich die SVP-Strategen vorgestellt haben, heisst Pascal Couchepin. Der Walliser ist ein interessanter Mann. Eine Schlüsselfigur eigentlich.

Bundesrat Couchepin ist eher Buhmann denn Liebling der Nation.

Den schlechten Ruf hat er sich selbst eingebrockt. Er hat bisher als Sozialminister nicht überzeugt. Vieles wird an- und aufgerissen, spontan oft, zu wenig durchdacht halt.

Zwar ist es verdienstvoll, Ungewohntes auszusprechen. Und oft reagieren wir Linke zu wehleidig und schnell empört.

Die Idee hingegen, das AHV-Alter 67 in die öffentliche Diskussion zu werfen, war damals keine gross akzeptierte. Es mag sein, dass man später darüber streiten muss. In Schweden zum Beispiel reicht das flexible Rentenalter bis 67. Und Schweden ist kein Entwicklungsland. Aber Couchepin hat den falschen Zeitpunkt gewählt. Heute fühlen sich – wir wissen es zur Genüge – Ältere von der Wirtschaft diskriminiert. Wir lesen, dass schon ein 40-Jähriger zu den ‹Alten› gehören soll und wer als 55- oder gar 60-Jähriger

Arbeit sucht, himmeltraurige Erfahrungen macht. Deshalb war Couchepins Vorschlag ein Rohrkrepierer, eine bedrohliche Provokation. Vorläufig bleibt das an ihm hängen.

Als ob, wer schon nur an Alter 67 denkt, ein Unmensch wäre!

SP und Gewerkschaften reagierten empört und zugleich unheimlich dankbar. Der Sozialminister hatte ihre eigenen Anhänger erst richtig für den Kampf gegen die 11. AHV-Revision mobilisiert. Der polnische Spruch stimmt eben: «Auf deine Gegner kannst du dich verlassen.»

Couchepins voreilig in die Diskussionsrunde geworfenes AHV-Alter 67 entsprach also nicht einer raffiniert ausgedachten Taktik. Deshalb darf man seine anscheinend unsoziale Einstellung schon etwas relativieren.

Er ist ein Bürgerlicher der französischen Schule. Kein Etatist, beliebt er zu betonen. «Aber ich halte einen starken, gesunden und schlauen Staat für wichtig», präzisiert er. Was immer wir uns unter einem ‹schlauen Staat› vorzustellen haben. Hilfreich ist Couchepin dabei nicht. Vielleicht meint er damit den schlauen Interpreten.

Der Sozialminister will den Sozialstaat den veränderten Verhältnissen anpassen. Laut seines letzten St.-Petersinsel-Spaziergangs mit den Medienvertretern die Familien fördern, Krippenplätze sichern, Schulalter senken. Damit gerät er jedoch in Turbulenzen. Wer soll das bezahlen? Die Wirtschaft? Der Staat?

Couchepin ist nach meiner Einschätzung Opfer der eigenen Provokationslust.

«Mein recht rauer Stil wirkt etwas provokativ, ja verwirrend auf Leute, die sich darauf beschränken, die gängige Meinung zu wiederholen», sagt Pascal Couchepin selber in seinem Buch ‹Ich glaube an die Politik›. Das Vorwort hat übrigens nicht etwa ein Freisinniger geschrieben, sondern der frühere SP-Präsident Peter Bodenmann. Auch das empfinden Parteigänger hüben und drüben als Provokation. Aber das passt zu beiden.

Der Unterwalliser macht also – genauso wie der Oberwalliser – nicht den Eindruck, alles, was er sagt, tut oder unterlässt, stets sorgfältig bis zur letzten Konsequenz überlegt zu haben. Couchepin liebt eben auch das Risiko. Er fordert heraus, eckt an, ist konfliktfähig, liebt den Sachstreit und glaubt, nur so die beste Lösung herausdestillieren zu können. Er tut das mit Unbekümmertheit. Das wird gerne als Arroganz ausgelegt.

Mit solchen Annahmen sollte man jedoch vorsichtig sein.

Ich habe ihn in einer Sendung der Fernseh-‹Arena› erlebt. Es ging um die 11. AHV-Revision. Ein Experte votierte knallhart gegen den Sozialminister. Nach der Sendung rief Couchepin seine Fachleute vom Departement zu sich: «Ladet diesen Experten mal zu uns ins Departement ein, es lohnt sich, ihn anzuhören. Er hat zwar gegen mich geredet, aber Interessantes gesagt.»

Ich kenne nicht allzu viele Bundesräte, die das tun: statt beleidigt zu sein, dem anderen zuzuhören.

Couchepin ist ein Machtpolitiker. Damit haben wir in der Schweiz im Allgemeinen Mühe. Die pflegeleichten Politiker sind halt wesentlich beliebter.

Schon als Syndic von Martigny hatte er seine Lust am Regieren nie kaschiert. Was sollte daran stossend sein? Mir sind die klaren Leaderfiguren lieber als Windfahnen.

Auf höherer Ebene genoss er das Bundespräsidialjahr 2003 in vollen Zügen. Das ist seine Rolle: Solist im Ensemble.

Wer sich über diesen Stil aufregt, sollte sich beruhigen. Darin liegt ja gerade die Stärke von Couchepin. Er lässt sich nicht einfach einbinden. Auch nicht in eine Rechtskoalition. Aus was für Gründen immer – ihn drängt es nicht in den Seitenwagen der SVP. Zweiter Geiger hinter Blocher kann und will er nicht sein.

Nur so funktioniert unser Konkordanzsystem. Es braucht wechselnde Mehrheiten. Auch solche mit den Linken.

Die zwei von der SP sind nämlich Aussenseiter. Ihr politischer Aktionsradius ist begrenzt.

Die fünf bürgerlichen Kollegen aus den drei anderen Parteien verbindet etwas Gemeinsames: Sie sind alle bürgerlich. Das unterscheidet sie grundsätzlich von den Sozialdemokraten. SVP-, FDP- und CVP-Bundesräte sind, im weitesten Sinn, politische Verwandte.

Moritz Leuenberger und Micheline Calmy-Rey brauchen also , um mehrheitsfähige Kompromisse mittragen zu können, Partner. Grosse Auswahl haben sie nicht.

In sozialpolitischen Fragen, die der SP besonders wichtig sind, bleibt Joseph Deiss der erste Ansprechpartner. Der Wirtschaftsminister ist christlichsozialen Regungen nicht abgeneigt. Das gibt aber erst drei Stimmen. Woher kommt die vierte? Von Christoph Blocher, Samuel Schmid, Hans-Rudolf Merz? Oder halt doch von Pascal Couchepin?

Sozialminister mit Zickzackkurs

Dass nach dem Rücktritt von Ruth Dreifuss aus dem Bundesrat Couchepin ihr Departement übernahm, durfte schon als mittlere Sensation notiert werden. Nun ist der Freisinnige für die Sozialpolitik zuständig. Mächtige Wirtschaftskreise hatten schon lange eine ‹bürgerliche Sozialpolitik› verlangt. Weil sie darunter nicht den Umbau verstehen, sondern Abbau im Sozialbereich.

Das sozialpolitische Klima ist zweifellos kälter geworden. Fairerweise ist zuzugeben, einfach ist es nicht, über die Runden zu kommen. Den Regierungen in Berlin, Paris, Wien, Rom oder wo immer geht es nicht anders. Ob sie rotgrün, bürgerlich oder noch konservativer sind, alle haben grösste Mühe mit der Sozialpolitik.

Die Zwischenbilanz von Couchepin als Sozialminister ist zwiespältig. Gelegentlich fehlt ihm das Gespür, dass in der Sozialpolitik unbedachte Provokationen nur sehr sparsam riskiert werden sollten, weil sonst die Leute das Vertrauen verlieren, dass der Sozialminister auch in schwierigen Zeiten den Sozialstaat verteidigt.

Aber das tut Couchepin. Er steht zum Sozialstaat.

Bei der Abstimmung vom 16. Mai 2004 hat er die Finanzvorlage für AHV/IV – die Mehrwertsteuer sollte um 1,8 Prozent erhöht werden – fast im Alleingang vertreten. Seine eigene Partei liess ihn im Stich. Und für meine Begriffe haben auch SP und Gewerkschaften diese wichtige Vorlage nur lauwarm und mit leichter linker Hand unterstützt.

Couchepin fährt nun mal einen sozialpolitischen Zickzackkurs. Und er sondiert das Klima mit seinen Luftballons. Aber was die rotgrüne Regierung in Berlin ihrem Volk an Leistungsabbau zumuten muss, könnte sich unser Sozialminister niemals erlauben. Das gäbe eine Protestabstimmung.

Couchepins Staatsverständnis ist ein fundamental anderes als das von Blocher. Der Romand steht in der Tradition des französischen Bürgertums. Kein Staatspräsident hat in Frankreich so viele Unternehmen verstaatlicht wie Charles de Gaulle. Der Machtmensch par excellence.

Starke Persönlichkeiten politisieren heiss oder kalt, aber nicht lauwarm. Damit ecken sie automatisch an. Beifall und Pfiffe sind ihnen sicher. Auch wenns um Remedur in der Abteilung Kultur geht.

Hier der arrogante Couchepin, wie wir ihn als Bundespräsident erlebt haben, da der sensible Konkordanzpolitiker. In einem Interview mit der ‹NZZ am Sonntag› hat der Walliser Christoph Blocher als Gefahr für die Demokratie bezeichnet. Das deshalb, weil sich der SVP-Mann so gar nicht in die Konkordanz einbringen will. Das war mutig. Zu mutig vielleicht, denn der FDP-Präsident Rolf Schweiger fühlte sich veranlasst, seinem Bundesrat in den Rücken zu fallen. Womit er einmal mehr demonstrierte, woran es der FDP fehlt: am politischen Profil.

Jetzt, da wir bürgerliche Bundesräte haben, die nur das eigene Parteiprogramm kennen, bringt der Walliser die Überparteilichkeit immer wieder in die Regierung zurück. Sie ist die Voraussetzung dafür, dass der Bundesrat in unserem ausbalancierten System regierungsfähig bleibt. Das ist – um keine Missverständnisse aufkommen zu lassen – nicht das Verdienst von Couchepin allein. Aber: dass er sich nicht in die bürgerliche ‹Viererbande› einschnüren lässt, ist mehr als die halbe Miete wert.

Hans-Rudolf Merz – EFD

Laufbursche der Konzerne

Merz ist auf der Welle des Rechtsrutschs in den Bundesrat gewählt worden. Nach dem Debakel der FDP bei den Wahlen kam der Ruf nach dem starken Mann für den harten Kurs. Das bedeutete das Aus für Christine Beerli. Lange galt sie als Favoritin. Dann büsste sie ihren Vorsprung schnell ein.

Und der Appenzeller Ständerat Hans-Rudolf Merz rückte in die Poleposition auf.

Der Kandidat wurde als aussergewöhnlich kompetenter Finanzpolitiker gehandelt. Schliesslich sei er Präsident der ständerätlichen Finanzkommission, betonte er immer wieder selber. Man hätte meinen können, dafür kämen nur ausgewiesenste Könner in Frage. Das hingegen ist Mumpitz.

Kommissionspräsidien werden im National- und Ständerat nach einem Turnus vergeben. Die Amtszeit eines Präsidenten dauert zwei Jahre. Dann folgt ein anderer aus einer anderen Partei.

Wer lange genug im Parlament ist, wird sicher mal Kommissionspräsident. Diese Funktion sollte daher nicht übermässig hochgejubelt werden. Christoph Blocher zum Beispiel war als Nationalrat selten bis keinmal Kommissionspräsident. Gäbe das einem Parlamentarier erst so richtig das Format, hätte er diesen Stuhl kaum ausgelassen.

Das grosse ‹Gschiss› von Merz – als ob das Präsidium der Finanzkommission von überragender Bedeutung für überragende Politiker sei! – war also übertrieben.

Merz ist aber nun ‹unser› Finanzminister.

Wir sind gespannt, was er kann.

Die Freisinnige Partei möchte ihr Renommee als führende Wirtschaftspartei zurückgewinnen. Für Hans-Rudolf Merz, als Mann der Wirtschaft, schlug die Gunst der Stunde.

Merz war nie Unternehmer oder Manager. Das soll nicht abwertend gemeint sein, ein Mann der Wirtschaft war er allemal. Nur eine Nummer kleiner. Seine Brötchen verdiente er hauptsächlich als Berater beim Schmidheiny-Konzern. Das ist eine erstklassige Visitenkarte.

Boshafte Spötter lästern allerdings, der heutige Bundesrat sei der ‹Laufbursche› des Konzernchefs gewesen. Das deutet an, was gemeint ist: Merz hat beraten, aber nicht entschieden. Dazu gibt es ein amüsantes Bonmot von Kasimir H. Magyar, einem in Zürich wohnhaften Unternehmer: «Ein Berater ist jemand, der 49 Liebespositionen kennt, aber kein einziges Mädchen.»

Wirtschaftsberater jedoch sind am Drücker, speichern Erfahrungen, lernen aus Fehlern, helfen mit, sie zu vermeiden. Für einen Politiker kann das eine gute Schule sein. Nur bin ich mir nicht sicher, ob Merz wirklich ein Politiker ist.

Es redet dem Finanzminister nämlich zu munter drauflos. Kaum im Amt, jagte er schon die erste Sau durchs Dorf.

Hans-Rudolf bekam sein Wunschdepartement. Finanzminister sind Gefangene unseres Systems. Politische Eunuchen. Sie möchten und können nicht. Denn Parteien und Parlament hindern sie liebend gerne daran, den Bundesfinanzhaushalt zu sanieren. Darüber könnten seine vier Vorgänger Fortsetzungsromane schreiben. Nun soll es Merz versuchen. Er ist gewählt worden, um Probleme zu lösen oder zumindest zu versuchen, sie zu lösen. Nicht, um Probleme zu schaffen.

Aber genau das tut er.

AHV ohne die Reichen?

Zwei Wochen nach seinem Amtsantritt meinte der Finanzminister, man müsse prüfen, «ob die Reichen wirklich noch AHV-Renten erhalten sollen.»

Die AHV gehört erstens zum Ressort von Sozialminister Couchepin. Zweitens tönt die Idee beim ersten Hinhören ganz vernünftig. Aber es ist wie im Theater: Auch dort gibt es Zuschauer, die immer wieder im falschen Moment applaudieren. Das ist in der Politik nicht anders. Das Bonbon von Merz ist nämlich vergiftet.

Und vor gut drei Jahrzehnten schon hatte FDP-Nationalrat Andreas Brunner aus Zug das Plenum mit dem gleichen Rohrkrepierer überrascht: Ein Direktor brauche doch die AHV nicht, meinte er. Man könne die Bessergestellten von der AHV ausklammern und dann eine Einheitsrente einführen.

Der damalige Bundesrat Hans-Peter Tschudi konterte mit der legendär gewordenen Antwort: «Sie haben Recht, Herr Bührle braucht die AHV nicht, aber die AHV braucht Herrn Bührle.» Bei Dieter Bührle handelte es sich um einen der reichsten Männer der Schweiz. Tschudi erinnerte an das Geheimnis der AHV: Beiträge werden vom gesamten Einkommen erhoben. Es gibt keine Begrenzung. Ein Konzernchef, der zum Beispiel fünf Millionen verdient, zahlt je 4,2 Prozent Arbeitgeber- und Arbeitnehmerbeiträge, das sind 8,4 Prozent oder 420 000 Franken. Im Jahr!

Dafür erhält er die Maximalrente, derzeit 2110 Franken im Monat. Die Minimalrente beträgt 1055 Franken. Das Verhältnis zwischen Minimal- und Maximalrente ist 1:2, bei den Löhnen ist das anders. Der Konzernchef kassiert hundertmal mehr als sein Chauffeur.

Das ist es, was Merz stört.

In die AHV zahlen die Reichen sehr viel mehr Beiträge ein, als sie später mal als Renten zurückbekommen. Es findet tatsächlich eine Umverteilung von oben nach unten statt. Die Begüterten leisten einen Solidaritätsbeitrag. Allerdings nicht freiwillig. Die AHV ist 1948 so konzipiert worden. Sie trägt die Handschrift von zwei Politikern: Walter Stampfli, freisinniger Bundesrat, Robert Bratschi, SP-Nationalrat und Präsident des Schweizerischen Gewerkschaftsbundes.

Wer vorgibt, die AHV von den Renten für Reiche zu entlasten, täuscht die Öffentlichkeit. Das sollte ein Bundesrat nicht tun. Denn klar ist auch, was das für die AHV bedeuten würde: Keine Beiträge – keine Rente wäre für die AHV ein schlechtes und für die Reichen ein gutes Geschäft.

Heute sind alle in der Schweiz wohnhaften Menschen in der AHV versichert. Damit haben sie einen Rechtsanspruch auf die Rente. Würden die Reichen freigestellt, wäre der Solidaritätsgedanke im Eimer, und die Beiträge stiegen massiv an. Wie in Deutschland. Dort zahlen Arbeitgeber und Arbeitnehmer für die staatliche Altersvorsorge nicht 8,4 Prozent, sondern 19,1 Prozent Beiträge. Bei ungefähr gleichen Renten! Warum das? Weil in Deutschland nur Einkommen bis 5100 Euro im Monat beitragspflichtig sind. Die Besserverdienenden werden entlastet. Genau das, was uns der Finanzminister gedanklich zumutet.

Inzwischen hat Bundesrat Merz zugelegt. Er könnte sich vorstellen, liess er im Sommer eine weitere Luftnummer steigen, auch die Sozialversicherungen zu privatisieren. Als halbe Entschuldigung schob er nach, man müsse heutzutage auch das Undenkbare sagen. Das Undenkbare wäre eigentlich bereits das politisch Unmögliche.

Merz soll doch einfach seinen Job gut machen und das Mögliche tun. Von einem Bundesrat darf, nein, muss ein intaktes Urteilsvermögen erwartet werden. Nach den schlechten Erfahrungen mit dem ‹Rentenklau› bei der 2. Säule ist die Lust im Schweizervolk gering, die AHV den gleichen Finanzhaien anzuvertrauen. Dass das nicht geht, sollte ein gewiefter Politiker spüren.

Und jeder Psychiater und Psychologe bestätigt, dass die Menschen in der heutigen Gesellschaft und globalisierten Arbeitswelt verunsichert sind und Existenzängste haben. Von Regierungsseite auch noch den Sozialstaat schwächen zu wollen, ist bestimmt die falsche Medizin.

Der SP wurde, und wird zum Teil immer noch, vorgehalten, sie sei zu sehr in den Staat verliebt. Da ist Wahres dran. Nur hatte sie in den Anfängen der Industrialisierung gar keine andere Wahl. Im Frühkapitalismus waren Arbeiter gnadenlos unmenschlich ausgebeutet worden: 12-Stunden-Tag, Kinderarbeit, keine Ferien, keine Kranken- und Unfallversicherung, keine Altersvorsorge, einfach von allem nichts. Einzig der Staat bot ein bisschen Halt, mit den ersten Sozialgesetzen. Das heisst, die Arbeiterbewegung, die SP und Gewerkschaften aktivierten, mussten die Unternehmer über die Politik zwingen, von ihrer Herr-im-Hause-Herrschaft abzurücken. Daraus wurde ein Kampf über viele Jahrzehnte.

Nach dem Zweiten Weltkrieg hatte die SP die Initiative für eine ‹Neue Schweiz› lanciert. Es brauche eine Wirtschaft für das Volk, so lautete die Stossrichtung des Volksbegehrens. Eine demokratisch und genossenschaftlich ausgerichtete Volkswirtschaft. Die Initiative wurde deutlich abgelehnt.

Genossenschaft statt Ich-AG

Seit dem Untergang der Sowjetunion ist weltweit die kapitalistische Marktwirtschaft übrig geblieben. China, das immer noch von der kommunistischen Partei regiert wird, ist zur ‹sozialistischen› Marktwirtschaft übergegangen. Die SP befürwortet die soziale Marktwirtschaft. Mit einem starken Sozialstaat dazu.

Bei der bürgerlichen Rechten verlief die Entwicklung gerade umgekehrt. Sie lässt ihren Staat, der ihr zu sozial geworden ist, zunehmend im Stich. Sie betrachtet ihn als Hindernis auf dem marktwirtschaftlichen Weg zur schrankenlosen Freiheit. Und ihre programmatische Forderung gipfelt in der Erkenntnis, je weniger Staat es gebe, desto grösser sei die Freiheit. Das stimmt natürlich. Aber gemeint ist mehr Freiheit für die Grossen, die Starken, die Mächtigen. Damit sie noch grösser, noch stärker, noch mächtiger werden.

Das geht auf Kosten der so genannten Kleinen, der Beschäftigten, der kleinen und mittleren Unternehmen, des Gewerbes, der Selbständigerwerbenden, des ganzen Mittelstands also. Weniger Staat und mehr private Macht ist eine Kampfansage an die soziale und demokratische Gesellschaft.

In der schweizerischen Politik sind zwei Lager auszumachen. Das eine hält sich an den in der Bundesverfassung vorgegebenen Auftrag: Eid-Genossenschaft bedeutet, das gemeinsame Wohl ist wichtiger als persönlicher Reichtum. Das andere Lager tendiert zur Schweiz AG. Mit dem Bundesrat als Verwaltungsrat. Der in erster Linie für die Anliegen der Aktionäre zu sorgen hätte.

Wer weniger Staat und mehr Freiheit will, ist für die Schweiz AG, für weniger Sozialstaat und mehr Markt. Denn vieles, was der Staat macht, könnte privatisiert und damit Steuern gespart werden.

Nach dieser Lehre wird beim Sozialen abgebaut.

Der Sozialstaat ist aber nicht ‹nur› AHV, Krankenversicherung, Arbeitslosenhilfe oder Fürsorge. Er geht weit darüber hinaus. Sozialstaat umfasst den gesamten öffentlichen Verkehr, den Schul- und Bildungsbereich, den Umweltschutz, die Raumplanung, den Service public von Post und Swisscom, die ökologische Landwirtschaft, die Kulturförderung und vieles mehr.

Sozialpolitik fördert die Lebensqualität. Nach der Erkenntnis: In einer kaputten Umwelt und einem unsozialen Staat gibt es keine gesunde Wirtschaft und Gesellschaft.

Finanzminister Hans-Rudolf Merz definiert sich als Liberaler. Im kulturellen Bereich ist er das sicher. Bei gesellschaftspolitischen Anliegen zum Teil. In der Wirtschafts- und Finanzpolitik offenbar nicht. Er hält es nicht für undenkbar, also für möglich, 40 Prozent der Staatsausgaben zu streichen, alle rund 1400 heute dem Bund gehörenden Bauten zu verkaufen und, wie erwähnt, AHV und andere Sozialversicherungen zu privatisieren. Im Staatsbesitz bliebe gerade noch das Bundeshaus. Bis auf weiteres.

Mich beschäftigt, wie ein Politiker mit sich zurecht kommt, der sich in den Bundesrat wählen lässt und, kaum im Amt, den Ausverkauf seiner ‹Firma› propagiert.

Merz schaffte das bisher mühelos.

Am 16. Mai 2004 fiel das Steuergeschenkpaket für die Reichen beim Stimmvolk durch. Hans-Rudolf Merz war zweifach beteiligt daran: Als Ständerat hatte er es geschnürt, als Bundesrat verkauft. Mit einer peinlichen Aussage in der ‹Schweizer Illustrierten› zwei Wochen vor der Abstimmung, wo ein fröhlicher Finanzminister bekannte: «Ich würde dann 18 Prozent weniger Bundessteuer bezahlen. Und mein Gehalt ist ja kein Geheimnis: 400 000 Franken pro Jahr.»

Merz ist bei der Eidgenossenschaft Finanzminister, nicht bei der Ich-AG.

Wenn der Finanzminister den persönlichen Vorteil dermassen hemmungslos feiert, hat er seinen Job nicht verstanden.

Ich glaube nicht, dass die Leute sich darüber gefreut haben. Sie stimmen nicht für eine Vorlage, um das Privatkonto des Finanzministers zu alimentieren. Insofern schoss Merz ein Eigentor. Und nährt die Zweifel, ob er begriffen hat, was von einem Politiker, der nun Bundesrat ist, erwartet wird.

Finanzminister des ganzen Volkes

Ein durchaus ‹gmögiger› Merz hat bisher gehörige Defizite verraten.

Das ist kein Grund, ihn zu unterschätzen.

Hinter einer sprunghaften Hartnäckigkeit steckt ein fintenreicher Taktiker. Im Auge hat er den Kahlschlag im staatlichen Bannwald. Nur so sind seine radikalen Pläne zu verstehen. Der Staat wird auf Diät gesetzt. Was sogar der ‹Neuen Zürcher Zeitung› zu weit geht: «Sparen wird bald einmal zum einzigen Inhalt der Bundespolitik.»

Mich dünkt, Merz habe als Finanzminister zwei Möglichkeiten.

Für eine Spar- und Steuerabbaupolitik hat er im Parlament eine Mehrheitschance. Nicht unbedingt aber beim Stimmvolk.

Auf Dauer lebt ein Finanzminister nicht von Niederlagen à la 16. Mai, 2004.

Um aus der Defizitmisere herauszukommen, schlägt die Linke eine Doppelstrategie vor: Sparen und Mehreinnahmen. Das lehnt die bürgerliche Rechte ab.

Wenn Politik tatsächlich die Kunst des Möglichen ist, müsste der Finanzminister die Kunst entwickeln, einen Konsens auszuhandeln. Anders kann er sich kaum aus der jetzigen Pattsituation befreien.

Das ist natürlich schneller geschrieben als getan.

Die nötige Autorität bekommt ein Regierender nur dann, wenn er sich vom reinen Interessenvertreter zum Staatsmann mausert. Die

Bürger verfügen nämlich über ein sicheres Gespür dafür, was an bundesrätlichen Vorschlägen vernünftig und an ihrer Ablehnung unvernünftig ist.

Im Fussball wird das Heimpublikum der zwölfte Mann genannt. In der Politik ist das der Goodwill beim Volk. Dieses Vertrauenskapital erarbeitet sich ein Bundesrat, im Besonderen der Finanzminister, indem die Leute spüren, dass er sich bemüht, die Lasten einigermassen gerecht und sozialverträglich zu verteilen.

Merz ist der Finanzminister des ganzen Volkes, nicht allein für die Begüterten. Der 16. Mai müsste ihm eine Lehre gewesen sein. Wenn nicht, wird er straucheln. Als einer, der sich in der Politik verirrte.

Hat er die Lektion vom 16. Mai begriffen, heisst das noch lange nicht, dass er Erfolg haben wird.

Den hatte auch Willi Ritschard nicht. Die Leute liebten ihn dennoch. Weil er ehrlich war. Weil sie Vertrauen in ihn hatten. Vertrauen, dass er auch an die so genannt kleinen Leute denkt. Das sind 85 Prozent des Volkes.

Hans-Rudolf Merz sollte aufhören, das Undenkbare zu denken. Er muss als Finanzminister ‹nur› das Machbare tun. Oder zumindest versuchen.

Moritz Leuenberger – UVEK

Introvertiert oder hochgradig sensibel?

Die Genossen zeigten sich nach der Wahl von Christoph Blocher in den Bundesrat besorgt, wie wohl der Schöngeist Moritz Leuenberger mit dem SVP-Raubein zurechtkommen werde. Denn ein grosser Kämpfer ist er weiss Gott nicht.

Wenn der Moritz uns mit seinem gequälten Gesicht auf dem Bildschirm anschaut, möchte man ihm am liebsten ein Aufputschmittel verabreichen, damit er wieder auf die Füsse kommt.

Nicht nötig. Der Mann liebt es, unterschätzt zu werden. Dann ist er am stärksten.

Bundesrat Leuenberger ist zunächst mal intelligent.

Das sind seine Kollegen auch. Einfach anders.

Keiner verfügt jedoch über so viel kulturelle Kompetenz wie der SP-Bundesrat. Bei ihm kommt kaum jemand auf die Idee, er sei Militarist. Seinem Wesen entspricht die Oper, nicht die Kaserne. Auch ein literarisches Streitgespräch bedeutet ihm mehr als ein Fussballmatch. Aber er ist nicht elitär. Als Bundespräsident hat er einen geistig Behinderten zu sich ins Bundeshaus eingeladen, nicht einen Star aus dem Showbusiness. Leuenberger wird gerne als introvertiert bezeichnet. Wenn damit gemeint ist, er sei ein atypischer Politiker, stimmt das. Doch er ist viel mehr ein sensibler Mensch mit vielen Zweifeln. Kein introvertierter.

Bundesräte brauchen den Ausgleich. Bei Adolf Ogi ist und war es der Sport. Willi Ritschard und Hans-Peter Tschudi erholten sich beim Wandern, Ernst Brugger mit der Modelleisenbahn, Nello Celio mit Risotto und Wein bei Freunden. Moritz Leuenberger hält Politik nur aus, wenn er hie und da Kultur ‹tanken› kann.

Tunnelbauer und Flugverhandler

Der SP-Bundesrat leitet einen grossen Laden: Umwelt, Energie, Verkehr, Kommunikation. Im Ausland gäbe das Arbeit für drei, vier Minister. Eigentlich meistert er den Mammutbetrieb erstaunlich gut.

Das sehen seine Gegner von der SVP anders. Sie werfen ihm vor, die Neat-Eisenbahn-Basistunnel am Lötschberg und Gotthard seien Milliardenlöcher. Sogar für geologische Risiken, die Mehrkosten verursachen, soll er verantwortlich sein. Der Chefgeologe im Lötschberg, Hans-Jakob Ziegler, jedoch meint: «Die Arbeit des Geologen ist vergleichbar mit jener des Detektivs. Beide machen sich aufgrund von Indizien ein Bild.» Da ist es schwer für einen Bundesrat, das Gestein beim Tunnelbau noch besser zu kennen als der Fachmann.

Besonders dreist benimmt sich die SVP-Führung beim Thema Fluglärm in Zürich. Wäre die Schweiz im EWR (Europäischer Wirtschaftsraum), wäre der Zürcher Flughafen mit den Flughäfen in Deutschland gleichgestellt. Berlin könnte für Süddeutschland keine Sonderbedingungen verlangen.

Der EWR-Vertrag wurde 1992 von der SVP gebodigt.

Und als zweitbeste Lösung handelte Bundesrat Leuenberger mit Deutschland einen Staatsvertrag aus. Darin wurde der Fluglärm neu verteilt. Die Schweiz hätte mehr als bisher übernehmen müssen, aber weniger als ohne Staatsvertrag. Die Zürcher SVP sass immer noch auf dem hohen Ross und wollte nichts von einem Staatsvertrag wissen. Es gelang ihr, die Zürcher Regierung sowie den Kantonsrat, die Flughafen AG und den Zürcher Stadtpräsidenten ebenfalls dagegen Sturm laufen zu lassen.

Unter dem Eindruck des Zürcher Vetos lehnten National- und Ständerat den Staatsvertrag ab. Dann geschah, was der deutsche Verkehrsminister für diesen Fall angedroht hatte: «Ohne Staatsvertrag bestimmen wir, wie viele An- und Abflüge über süddeutschem Gebiet zugelassen werden.»

Nun haben sie in Zürich ‹den Salat›.

Schuld daran sei Leuenberger, schwindelt sich die SVP aus ihrer Verantwortung.

Erstaunlich, wie unaufgeregt der Verkehrsminister reagiert. Er hält sich an den Rat des polnischen Satirikers Lec: «Liebet eure Feinde, vielleicht schadet das ihrem Ruf.»

Überlingen und Service public

Die SVP geht bei Leuenberger bis zum Rufmord. Ihr Mann für das Grobe ist der Medizinhistoriker und Nationalrat Christoph Mörgeli. Er macht faktisch den Verkehrsminister sogar für die Flugzeugkatastrophe bei Überlingen verantwortlich.

Ein solcher Vorwurf ist dermassen daneben, dass er eigentlich als Bumerang auf die Urheber zurückfallen sollte.

Trotzdem, solche Perfidie ist nicht leicht zu ertragen.

Zumal Moritz Leuenberger von den eigenen Spitzengenossen in Partei und Fraktion nicht gerade verwöhnt wird.

Zum einen werden seine Möglichkeiten mit zu hohen Erwartungen überschätzt. Zum anderen hätten die Genossen gerne mehr Kämpferisches.

Ein Volkstribun ist nun mal der Moritz nicht. Oft wirkt er wie abwesend. Als ob er den Verleider hätte und im nächsten Moment den Bettel hinschmeissen würde. Man fragt sich dann, warum der überhaupt Bundesrat werden wollte. Diese Mimik ist vorsorglicher Selbstschutz. Sie drückt aus, wie verdammt schwer er es hat und man es ihm macht. Die Last steht ihm ins Gesicht geschrieben.

Probleme verursacht der Service public: Post, Bahn, Swisscom, Energieversorgung, Radio und Fernsehen.

Bleiben wir bei der Post.

Bis Ende 1997 gab es die PTT: Post, Telefon, Telegraf. Die Post wurde von den beiden anderen Sparten finanziell unterstützt. Mit bis zu 700 Millionen Franken im Jahr. Die Post war immer defizitär gewesen. Die Zustellung von Briefen, Päckli, Zeitungen bis ins höchste Bergdorf hatte nie rentiert. Ebenso wenig die Postautoverbindungen ins hinterste Tal des Landes. Telefon und Telegraf, heute Telecom, hingegen brachten Geld in die Kasse.

Die PTT war damals ein staatlicher Monopolbetrieb, private Konkurrenz existierte nicht. Die PTT genoss einen guten Ruf. Die Kunden schätzten ihre Zuverlässigkeit. Die Post profitierte vom Goldesel Telecom, und der Bund kassierte erst noch den verbliebenen Überschuss.

Mit der Globalisierung kam die Liberalisierung. Die EU löste im Kommunikationsbereich den Schub aus. Post- und Telecombetriebe wurden getrennt. Das Monopol fiel weg, dasselbe passierte mit den Quersubventionen von Telecom zur Post. Weil die globaliserte Wirtschaft es ablehnte, mit Telecomgebühren Postdefizite zu finanzieren. Billigere Telecomgebühren und höhere Posttarife waren die logischen Folgen.

Die Schweiz ist nicht EU-Mitglied, macht aber, was die EU beschliesst. Sie muss. Sonst würde sie im internationalen Telecomgeschäft boykottiert werden. So wurde aus der PTT die Post Schweiz und die Swisscom.

Die Post hat den gesetzlichen Auftrag, die Versorgung landesweit zu gewährleisten. Allerdings ohne Goldesel, ohne Monopol und mit starker Konkurrenz aus Deutschland und Frankreich.

Kürzlich brachte uns der Pöstler im Jura ein Paket aus Kerns, Obwalden. Draussen stand der Lastwagen der Deutschen Post. Der Absender in Kerns, eine Teigwarenfirma, spediert täglich ein paar hundert Pakete. Er schloss mit der Deutschen Post einen Vertrag ab. Sie verteilt die Pakete billiger. Warum? Die Deutsche Post zahlt andere Löhne und übernimmt nach dem Prinzip der Rosinenpickerei lediglich lukrative Grosskunden. An Frau Huber, die ihrem Enkel zum Geburtstag ein Päckli schickt, ist die deutsche Konkurrenz nicht interessiert.

Leuenberger ist auch für die Post zuständig.

Seine Partei steht unter gewerkschaftlichem Druck. Die Post sollte einen Service public wie gehabt anbieten. Das führt automatisch zu Spannungen. Mitten drin steht der Postminister.

In die Defensive gedrängt, dünnhäutig gegen oft ungerechte Kritik, gerät er in den Clinch mit der SP. Denn für seine Partei ist der Service public ein zentrales Anliegen. Der Liberalisierungswahn hat Wirtschaft, Gesellschaft und Menschen schon so verunsichert, dass wenigstens die letzten paar stabilen Pfeiler stehen bleiben sollten. Dazu gehört der Service public. Drum wurde am 26. September über dessen Zukunft abgestimmt. Ein Ja zur Initiative hätte die Idee Post nachhaltig gestärkt; das Nein hat sie kaum geschwächt.

Wenn Moritz Leuenberger gehörig gestresst traurig dreinschaut, macht man sich Sorgen um ihn. Wie hält er das alles aus? Er ist ja kein vor Kraft strotzendes Mannsbild.

Keine Angst, die Hageren sind zäh. Und gegen das SVP-Gift ist Moritz längst immun.

Mehr Mühe dürfte er mit Blocher haben. Nicht weil der an einer Bundesratssitzung den Sozi zum Abgang aufgefordert haben soll. Moritz legte daraufhin den Mantel des Erbarmens über seinen Kollegen. Blocher hatte etwas übersehen: Immerhin wurde Leuenberger am 10. Dezember mit den meisten Stimmen am besten wiedergewählt. Nein: Blochers hemdsärmliger Stil und seine lärmige Rhetorik selbst im Bundesratszimmer nerven den kultivierten Moritz.

Vielleicht tröstet er sich damit, der Himmel hänge auch nicht mehr so voller Geigen, sondern nur noch voller Telecom-Satelliten.

Kraft holt sich der SP-Bundesrat bei öffentlichen Auftritten und an den Parteitagen. In den letzten Jahren ist jede seiner Reden von den Delegierten mit lang anhaltendem Beifall verdankt worden. Sie wissen, was sie an ihrem Genossen Bundesrat haben.

Micheline Calmy-Rey – EDA

Mutige Aussenpolitik

Bundesrätin Micheline Calmy-Rey war fulminant gestartet.

Im Januar 2003, wenige Tage nach Amtsantritt, gab sie den Tarif durch. Sie werde am Weltwirtschaftsforum (WEF) Davos nur teilnehmen, wenn sie den ebenfalls eingeladenen US-Aussenminister Colin Powell treffen könne.

Alt gediente Diplomaten schüttelten die Köpfe.

Man stelle einem US-Aussenminister doch kein ‹Ultimatum›. Der hätte Calmy-Rey auch sonst empfangen.

Die Kritiker hatten eines übersehen: Gefragt war nicht diplomatische Höflichkeit. Es ging um Aussenpolitik. Der mächtige Amerikaner bot dafür die ideale Zielscheibe. Calmy-Rey demonstrierte aussenpolitische ‹Stärke›.

Die Leute reagierten begeistert. Aussenpolitik war ein Thema geworden. Wie beabsichtigt.

EDA ist die Abkürzung für Eidgenössisches Departement für auswärtige Angelegenheiten. Aussenpolitik ist demnach eine ‹Angelegenheit›.

Max Petitpierre, FDP, war von 1945 bis 1961 Aussenminister. Er beherrschte die hohe Schule der Diplomatie wie seither wohl keiner mehr. Nach ihm folgte die Phase der Neutralität als Schutzpatronin der Schweiz. Oberstes Gebot: sich nicht in fremde ‹Angelegenheiten› einmischen.

Dafür bot die Schweiz ihre ‹guten Dienste› bei staatlichen Zwischenfällen an. Die waren anfänglich gefragt. Dann zunehmend weniger. Denn die UNO war nun dafür zuständig geworden. Und der gehörte die Schweiz bis vor kurzem ja nicht an. Bis zur Abstimmung vom 3. März 2002.

Am 20. Juli 2004 beschloss die UNO-Vollversammlung, die ‹guten Dienste› der Schweiz erneut einzuschalten. (Nachdem sie der Schweiz 1999 und 2001 bereits den gleichen Auftrag erteilt hatte.) Es ging und geht weiterhin um den Schutz der palästinesischen Bevölkerung in den von Israel besetzten Gebieten. Dabei spielt die von Israel gebaute Sperranlage eine wichtige Rolle. Der Internationale Gerichtshof in Den Haag hat sie verboten. Sie stehe im Widerspruch zur Genfer Konvention. Die Schweiz, als deren Depositarstaat, wird mit dem UNO-Mandat beauftragt, zu prüfen, wie die Genfer Konvention umgesetzt werden könnte. Faktisch, wie das humanitäre Völkerrecht in den von Israel besetzten Gebieten durchgesetzt werden kann. Das ist eine heikle Mission. Das EDA hatte früher schon zwei internationale Konferenzen einberufen. Die erste flog nach 17 Minuten, die zweite nach zwei Stunden auf.

Die neue Aussenministerin ist also gefordert.

Aussenpolitik ist nicht einfach l'art pour l'art. Sondern Weltinnenpolitik.

Als US-Präsident George W. Bush den Irakkrieg über die UNO und das Völkerrecht hinweg auslöste, flüchtete Calmy-Rey nicht in die leisen Töne. Der damalige Bundespräsident Couchepin protestierte zurückhaltend, um Washington nicht zu brüskieren. Die Aussenministerin lehnte den Irakkrieg unverblümt ab.

Das ist genau die Sprache, wie sie im Volk verstanden wird. Starke Worte gegen die übermächtigen USA kommen immer gut an.

Im Mai 2004 hatte sie den amerikanischen und den britischen Botschafter in Bern zu sich ins Bundeshaus zitiert. Mit der nötigen Publizität. Die beiden Diplomaten bekamen von Calmy-Rey eine Protestnote ausgehändigt, die sie gefälligst ihrer Regierung in Washington und London bekannt zu machen hätten. Der Unmut richtete sich gegen die Folterungen in irakischen Gefängnissen.

Nach dem Völkerrecht dürfen Kriegsgefangene nicht gefoltert werden. Darüber wacht das IKRK, das Internationale Komitee des Roten Kreuzes, mit Sitz in Genf. Auch dort ist die Schweiz, wie es heisst, Depositarstaat. Als dessen Treuhänderin hat die Aussenministerin den Herren Botschaftern ins Gewissen geredet. Wie, mit welchem Selbstbewusstsein sie das tut, gefällt den Menschen.

In diesem Geist ist auch die Zypern-Konferenz auf dem Bürgenstock ermöglicht und die ‹Initiative von Genf› lanciert worden, mit der Persönlichkeiten aus Israel und Palästina einen Friedensweg aus dem tödlichen Konflikt suchen.

Calmy-Rey hat den Westsudan besucht und das Flüchtlingselend gesehen. Seither sind ihr der amerikanische, deutsche, französische und andere westliche Aussenminister gefolgt. Um einen Völkermord, wie er sich in Ruanda ereignet hatte, diesmal verhindern zu können. Allerdings ist bisher nichts Entscheidendes passiert, um ihn zu stoppen.

Staatssekretär und Chef

Die schweizerische Aussenministerin ist, das darf man sagen, präsent. Sie schöpft die aussenpolitischen Möglichkeiten eines Kleinstaates bestmöglich aus. Es werden zwar eher punktuelle Akzente gesetzt und weniger eine Strategie vorgelegt. Aber, und das ist positiv, Aussenpolitik findet statt. Endlich. Wobei ich mir schüchtern die Frage erlaube: Was eigentlich hat Staatssekretär Franz von Däniken, der seinen Posten zur Verfügung stellte, in ihrem Schatten gemacht?

Der Staatssekretär im EDA ist der zweite Mann, ist faktisch der höchste Diplomat. Je nach Departementschef oder -chefin spielt er eine grosse oder fast keine Rolle.

Pierre Aubert war von 1977 bis 1987 und nach Willy Spühler sowie Pierre Graber der dritte SP-Aussenminister en suite gewesen. Als SP-Präsident hatte ich wegen ihm gelitten. Nicht weil er ein unmöglicher Mensch war, ganz im Gegenteil. Der Mann war liebenswürdig, aber leider auch ineffizient. Für ihn arbeitete ein brillanter Staatssekretär, ein Diplomat der absoluten Spitzenklasse: Edouard Brunner.

Als René Felber die Nachfolge von Pierre Aubert antrat, war Edouard Brunner sein Problem. Gerne hätte er ihn als Staatssekretär weiter beschäftigt. Aber: «Das geht nicht», meinte Felber, «der war jetzt faktisch Chef und kann sich nicht mehr so einfach unterordnen. Ich muss leider auf ihn verzichten.» Felber bot Brunner eine erstklassige Botschaft an. Der Staatssekretär wäre gerne nach Paris gegangen. Aber: «Wenn der in Paris ist», meinte Felber, «steht er jede Woche bei mir im Büro.» So wurde Edouard Brunner Botschafter in Washington. Weit weg vom Tatort.

Pierre Aubert wäre ohne Edouard Brunner aufgeschmissen gewesen. Sein Staatssekretär machte für ihn Aussenpolitik. Und das gut. Zum Glück für Aubert und die Schweiz.

Micheline Calmy-Rey absolviert die perfekte Einfraushow. Der Staatssekretär spielte bei ihr in der Öffentlichkeit keine Rolle. Man muss sich deshalb an den früheren Aussenminister erinnern, bei dem von Däniken öfter im Rampenlicht stand.

Bilaterale, Diplomatie und Meinung

Bundesrat Blocher hat sich einen Standardsatz angewöhnt: «Meine Meinung ist jetzt nicht mehr gefragt.» Das sagt er immer dann, wenn er im Bundesrat unterlegen ist und einen Entscheid vertritt, der ihm persönlich nicht passt. SP-Bundesräte kommen diesbezüglich auch nicht zu kurz. Allerdings sind sie beim Verlieren erprobter als Blocher.

Bei den Bilateralen II – gemeint sind die bilateralen Verhandlungen mit ‹Brüssel›, zweite Runde – stand das schweizerische Bankgeheimnis stark unter Druck. Finanzminister Kaspar Villiger hatte die Verhandlungstaktik bestimmt: «Das Bankgeheimnis ist nicht verhandelbar.» Punkt. Aus. Die schweizerische Verhandlungsdelegation liess nicht mit sich darüber pokern. Stattdessen bot sie der EU die Zinssteuer an. Eine Art Verrechnungssteuer für ausländische Vermögensanlagen.

Das schweizerische Bankgeheimnis schützt ausländische Steuerflüchtlinge vor deren Fiskus. Das wasserdicht. Nicht von ungefähr werden auf dem Finanzplatz Schweiz mit Abstand am meisten Vermögen verwaltet. Nach zuverlässigen Schätzungen sind es ein Drittel aller privaten Vermögen der Welt.

Bei uns ist Steuerhinterziehung kein strafbares Delikt. In den meisten europäischen Ländern schon. Im Juli 2004 zum Beispiel verurteilte das Gericht von Augsburg Max Strauss, Sohn des früheren Ministerpräsidenten Franz-Josef Strauss von Bayern, wegen Steuerhinterziehung zu drei Jahren und drei Monaten Gefängnis. Unbedingt.

Es ist daher für die Linke ein zumindest fragwürdiger Erfolg, dass bei den Bilateralen II das Bankgeheimnis ‹gerettet› wurde.

Wenn dann die eigene Genossin im Bundesrat ebenfalls fast erleichtert kommentiert, es sei «eine Garantie für das Bankgeheimnis» erreicht worden, und das ohne Wenn und Aber, dann wird klar: Auch die SP muss harte Brocken schlucken.

Ein anderes Beispiel: Am 23. April 2004 war im Völkerbundpalast in Genf die 60. Session der UNO-Menschenrechte beendet worden.

Für die Arbeiter in den Billiglohnländern hätte eine Besserstellung herausschauen sollen. Darum drehten sich die Verhandlungen. Die 200 grössten Multikonzerne hätten Konzessionen machen müssen. Dagegen wehrte sich die Delegation der USA. Etwas anderes war von der Bush-Administration in Washington ja auch nicht zu erwarten gewesen. Der Bundesrat unterstützte die USA, und seine Aussenministerin hatte diese Position contre coeur zu vertreten.

Wie hält man das aus? Wie lebt man/frau damit, gegen die eigene Überzeugung handeln zu müssen? Ist es damit getan, was Bundesrat Blocher in solchen Momenten sagt: «Meine Meinung ist jetzt nicht mehr gefragt»?

Natürlich gehört das zu unserem Regierungssystem. So funktioniert nun mal seine ‹Mechanik›. Aber belastend muss das dennoch sein.

Willi Ritschard hat sich davon an Veranstaltungen im ‹Bären›, ‹Löwen› oder ‹Hirschen› erholt. Beim Volk also. Denn das hatte jedes Mal den Saal bis auf den letzten Stuhl gefüllt. Die Leute feierten ihren Liebling aus dem Bundeshaus. «Das ist wie ein Schaumbad», gestand mir Ritschard einmal.

Auch Micheline Calmy-Rey braucht das.

Ich habe sie im Herbst 2003 an einer Wahlveranstaltung in Basel erlebt. Erschienen waren 500 Leute. Die Bundesrätin referierte nur kurz und diskutierte dann umso länger mit dem Publikum. Sie beantwortete die vielen Fragen präzis, wich nicht aus, redete nicht um den Brei, bewies ein unglaubliches Einfühlungsvermögen. Wir waren alle beeindruckt und begeistert.

Die welsche Bundesrätin wurde mit einer Standing Ovation verabschiedet.

La ‹Cruelle›

Im Bundesrat ist Micheline Calmy-Rey die einzige Frau. Das kann ein Privileg und dennoch eine Belastung sein. Mich dünkt nicht, dass es sie bedrückt. Sie ist eher ein einsamer Mensch, ohne einsam zu sein. Sie könnte daher ihre Sonderrolle im Bundesrat sogar geniessen.

Der damalige Bundespräsident Pascal Couchepin machte eine öffentliche Bemerkung, die ihm übel genommen wurde. Sie galt Calmy-Rey. Aus Couchepins Worten war herauszuhören, die Kollegin sei gar nicht pflegeleicht. Sie werde sich schon noch ins Team einfügen, meinte er. Daraus ging klar hervor: Die einzige Frau im Bundesrat stellt ihren Mann. Sie ist unbequem. Sie lässt sich nicht einschüchtern. Ihr Respekt vor den sechs Kollegen ist nicht übermässig gross. Man hört es denn von den Spatzen auf dem Bundeshausdach, die Frau sei auch für das SVP-Schwergewicht Blocher ein ebenbürtiger Gegner.

Dass Calmy-Rey fighten kann, traut man ihr zu. Dafür spricht ihr Auftritt, ihre Mimik. Das so genannte Dimitri-Lächeln kann eiskalt sein: Achtung, Gefahr.

Die tüchtige Aussenministerin ist eine schwierige Chefin. In Genf nannte man sie ‹la Cruelle›, die Grausame. Dahinter versteckt sich Bewunderung und Furcht zugleich. Bewunderung zum Beispiel, wie sie als Finanzdirektorin des Kantons Genf unerbittlich Jagd auf Steuerhinterzieher machte. Furcht: vor der Chefin, deren Launen schwer zu ertragen waren. Härte im politischen Geschäft kann eben zu persönlicher Verhärtung führen. Es fällt denn auch auf, dass Micheline Calmy-Rey in der Romandie nie so beliebt war, wie sie in der Deutschschweiz ist.

Micheline Calmy-Rey ist ein Arbeitstier. Unerbittlich mit sich selber. Sie wohnt im Hotel Bern, dem früheren Volkshaus. Dort gibt es das Bundesrat-Stich-Appartement. Als Bundesrat logierte er zwölf Jahre in dieser Herberge. Mit einem Unterschied. Otto Stich schlief nicht nur dort, er war auch ein gern gesehener Gast. Am wohlsten fühlte er sich bei der obligaten Jassrunde. Die Leute sind gerne in einer Beiz, in der ein Bundesrat verkehrt. Für eine prominente Frau geht das nicht so selbstverständlich.

Zudem darf man davon ausgehen, dass sich die Welsche im Berner Beizenmilieu nicht wohl fühlt.

Micheline Calmy-Rey schleppt eine schwere Bürde mit sich. Sie ist ein misstrauischer Mensch. Eine Bekannte, die sie sehr gut kennt, meint sogar: «Sie hat praktisch zu niemandem Vertrauen.» Das gehe so weit wie bei ihrem Besuch in Korea.

Bekanntlich überschritt die schweizerische Aussenministerin die Grenze zwischen Nord- und Südkorea. Die ist seit den Fünfzigerjahren mit Stacheldraht abgeriegelt. Süd- und Nordkorea sind so verfeindet, wie das einst die Bundesrepublik Deutschland und die DDR waren. In Korea sind auch schweizerische Soldaten stationiert, um die Demarkationslinie zwischen den getrennten Staaten zu überwachen. Zusammen mit einer internationalen Truppe. Das Abschreiten der Grenze hatte daher eine nicht zu unterschätzende symbolische Bedeutung. Micheline Calmy-Rey trug ihre Handtasche samt Mantel selber. Was bei einem Staatsakt nicht gerade praktisch ist. «Sie vertraut ihre persönlichen Sachen nicht einmal dem Bodyguard an», kommentiert meine Bekannte.

Die SP-Aussenministerin erinnert stark an ihren Vorvorgänger Flavio Cotti, CVP. Der joviale Tessiner pflegte mit seiner engsten Entourage einen nicht sehr christlichen Umgang. Schikanös ist der wohl passendere Ausdruck. Ein Beispiel:

Ich sass im Zug nach Brig. Und kam ins Gespräch mit zwei Diplomaten des EDA. Joseph Deiss war seit sechs Monaten ihr neuer Chef. Mich interessierte, wie der sei. «Reden wir vom alten Chef», hiess es. An einem Freitag habe er den beiden erklärt: «Morgen fliegen wir zu einem Arbeitsweekend nach Agno.» Ob die Herren familiäre oder sonstige Termine hatten, interessierte Cotti nicht. «Also flogen wir am Samstagmorgen nach Agno. Zum angeblichen Arbeitsweekend. Nachdem wir ausgestiegen waren, meinte der Chef: ‹Meine Herren, ich wünsche Ihnen ein schönes Wochenende›. Und liess uns stehen.»

Erstaunlicherweise gibt es in dieser Währung einige Geschichten. Nach aussen sind sie nie gedrungen. Der kultivierte, galante Flavio Cotti war offensichtlich in der Öffentlichkeit ein ganz anderer Mensch als in seinem Departement.

«Mit Deiss ist die Zusammenarbeit normal», meinten die zwei Diplomaten im Zug nach Brig. Das ist nach Schikanen schon viel.

Micheline Calmy-Rey ist eine ungewöhnliche Politikerin. Sie hat kapiert, dass Aussenpolitik innenpolitisch abgesichert werden muss. Es gilt, gegen die jahrzehntelange aussenpolitische Abstinenz anzutreten. Aussenpolitik muss für die Leute stattfinden. Das passiert heute.

Was noch fehlt, ist eine überzeugende Strategie, sind Prioritäten, längerfristige Perspektiven. Es wirkt alles noch etwas zufällig. Das aber gekonnt. Politisch wird Calmy-Rey reüssieren. Das ist keine allzu riskante Voraussage. Menschlich macht sie es sich und ihrem Umfeld hingegen schwer. Da hat sie ein grosses Defizit. Ein zu grosses. Sie passte eher zu Flavio Cotti als zu Joseph Deiss.

Joseph Deiss – EVD

Der korrekte Bilingue

Es fehlt also noch Joseph Deiss.

Er ist noch der einzige CVP-Vertreter. Im Jahr 2004 ist Joseph Deiss immerhin Bundespräsident.

Ein Jahr zuvor trug Pascal Couchepin die ‹Krone›.

Die beiden könnten jedoch unterschiedlicher gar nicht sein. Gegen den Walliser wirkt der Freiburger halt irgendwie farblos.

Das ist ja das Faszinierende an unserem System. Jeder Bundesrat wird auch mal Bundespräsident. Jeder ist anders. Und so wird es nicht langweilig. Die Franzosen müssen ihren Chirac zehn Jahre lang ertragen. Wir unseren Deiss ein Jahr. Dann folgt Samuel Schmid. Der Zwillingsbruder in Sachen Ausstrahlung.

Joseph Deiss ist zweisprachig. Ein Bilingue also. Weder Romand noch Deutschschweizer. Irgendwie passt das zu ihm. Was und wer ist Deiss eigentlich?

Die frühere CVP-Bundesrätin Ruth Metzler macht Deiss zum Täter. Er sei schuld an ihrem Ausscheiden, schreibt sie in ihrem Buch. Sie sei von ihrer Partei und Fraktion fallen gelassen worden.

Das musste ja so kommen. Wenn von zwei nur noch einer politisch überleben kann, ist das der klassische Stoff für die Dolchstosslegende.

Das Szenario liess keinen Ausweg offen: Entweder musste Joseph Deiss ‹ins Gras beissen› oder Ruth Metzler. Die CVP-Verantwortlichen wollten das ‹Todesurteil› nicht selber fällen. Das überliessen sie der Wahlbehörde. Der Bundesversammlung also. Mutig war das nicht, aber verständlich.

Joseph Deiss überlebte.

Deiss zeichnet aus, dass er nicht auffällt.

Wer war vor Calmy-Rey Aussenminister? Flavio Cotti, werden viele antworten. Falsch. Joseph Deiss. Immerhin leitete er das EDA fast vier Jahre.

Das ist der Unterschied: Joseph Deiss personifizierte die diplomatische Diskretion bilderbuchmässig. Vermutlich geht das so auch. Aber für die Leute ist Calmy-Rey natürlich die spannendere Aussenministerin.

Deiss war Nationalrat, Preisüberwacher und Aussenminister. Spuren hinterliess er kaum.

Das sind die Politiker, von denen man sagt, sie würden im Stillen arbeiten. Bei Deiss darf man davon ausgehen. Noch niemand hat behauptet, er sei faul. Hingegen wird gerätselt, ob er überhaupt so etwas wie Temperament hat.

Als Redner ist Deiss ein Schlafmittel. Er erinnert an einen Buchhalter, der die Bilanz vorträgt. Staubtrocken, aber korrekt. Deiss ist studierter Ökonom. Ein Gelehrter also. Rhetorisch ein gescheiter Langweiler halt.

Neben den zwei Alphatieren im Bundesrat, Couchepin und Blocher, plus die Macho-Frau, braucht ein Kollegium auch bescheidene Mitglieder. Solche, die sich zurücknehmen, sich einordnen können. Brückenbauer, die gerne zuhören. Zuhören sei das Wichtigste, wenn man etwas zu sagen habe, lehrte mich mein Grossvater.

Beim Fussball gilt, es brauche die richtige Mischung, damit die Mannschaft erfolgreich spielt. Das würde ich für die Politik übernehmen. Als Bundespräsident demonstrierte Pascal Couchepin vor grossem Publikum seine Kür. Das mit grösstem Vergnügen.

Deiss absolviert das Pflichtlaufen. Nicht glanzvoll, aber fehlerfrei.

Am 20. Mai 2004 sass Bundespräsident Joseph Deiss auf der Ehrentribüne des Fussballstadions in Paris. Der Weltfussball-Verband Fifa feierte das 100-Jahr-Jubiläum. Die damals zwei besten Nationalmannschaften der Welt, Brasilien und Frankreich, zelebrierten auf dem Rasen mit ihrer Fussballkunst den Festakt.

Deiss war neben Fifa-Präsident Sepp Blatter platziert worden. Nur wenige, die das Spektakel am Bildschirm verfolgten, werden sich gefragt haben, wer denn da neben dem schweizerischen Bundespräsidenten sitze.

«Aha», meinte mein Schwager Werner, «der Deiss sitzt neben dem Blatter.»

Nach dem Rechtsrutsch im Bundesrat zählt Joseph Deiss zu den sozialverträglichen Bundesräten. Für ihn liegt die Mitte nicht bei der SVP.

Deiss ist gesellschafts- und sozialpolitisch aufgeschlossen. Seine Stimme zählt hingegen nur, wenn es mit der ‹Viererbande› nicht funktioniert.

Wenn dieser Block jedoch hält, was dann? Dann könne Deiss bis zum Umfallen kämpfen; obwohl es nicht viel nütze.

Auf die Frage, was sich im Bundesrat seit der neuen Zusammensetzung geändert habe, meinte Deiss:

«Schwer zu sagen. Was spürbar anders ist: Die beiden Zentrumsparteien CVP und FDP können die Politik nicht mehr durch eigene Mehrheiten bestimmen. Deshalb gewinnt einmal links, einmal rechts.» (Blick, 31.7.2004)

Joseph Deiss ist Vorsteher des EVD (Eidgenössisches Volkswirtschaftsdepartement). Faktisch ist er Wirtschafts-, Arbeits- und Landwirtschaftsminister.

Beginnnen wir mit dem Wirtschaftsminister. Er erinnert mich an einen Pfarrer ohne Kirche. Die massgeblichen Wirtschaftsgrössen haben im Bundeshaus die stärkste politische Lobby der Schweiz. Wirtschaft sei Sache der Wirtschaft, diktiert sie der Politik ins Pflichtenheft. Das heisst, der Staat soll sich so wenig wie nur denkbar in die Belange der Wirtschaft einmischen oder wenn, dann nur, falls sie es ausdrücklich verlangt. Sonst hingegen soll der Staat einfach für günstige Rahmenbedingungen sorgen, also niedrige Steuern, weniger Gesetze – zum Beispiel beim Umweltschutz oder Kartellrecht. Staatliche Enthaltsamkeit gilt ordnungspolitisch als Tugend. Das Sagen habe der Markt. Und wenn die Wirtschaft Ansprüche an den Staat habe, melde sie sich.

Der erste CVP-Wirtschaftsminister war der Ende 1986 zurückgetretene Bundesrat Kurt Furgler. Er hatte sich vorgenommen, für die KMU, die kleineren und mittleren Unternehmen, einen Dienst anzubieten: die Innovationsrisikogarantie (IRG). Der Bund hätte für günstige Kredite gesorgt. Die Grossbanken liefen Sturm gegen Furglers Absicht. Für Kredite seien sie zuständig, belehrten sie ihn und bodigten die Vorlage in der Volksabstimmung. Heute sind es gerade die KMU, die sich über diese Banken beschweren. Die Grossbanken seien in der globalisierten Wirtschaft nur noch auf die Multikonzerne und den Standort Welt ausgerichtet. Der Standort Schweiz mit den KMU komme eindeutig zu kurz.

Kurt Furgler war an die Grenzen staatlicher Einflussnahme für eine aktive Wirtschaftspolitik gestossen. Die Banken hatten ihm eine Lektion erteilt, die nachhaltige Wirkung zeigte. Die Wirtschaftspolitik ist in diesem Land längst privatisiert worden. Das spürt auch der heutige Wirtschaftsminister Joseph Deiss. Immer im Herbst lädt er ein paar Dutzend wichtige Leute aus Wirtschaft und Wissenschaft zu einer Aussprache ein. Im September 2004 lautete das Thema: ‹Wirtschaftlicher Strukturwandel – Schleichende Desindustrialisierung der Schweiz?›

Als Handelsreisender geschätzt

Entscheidend mehr erwartet die Wirtschaft von Deiss im internationalen Geschäft. Er soll beim Zugang zu neuen Märkten behilflich sein. Ein Musterbeispiel ist China.

Westliche Investoren geben sich in Peking die Türklinken in die Hand. In China regiert zwar die kommunistische Partei, in der Wirtschaft jedoch hat sie die Vorteile der kapitalistischen Marktwirtschaft längst erkannt. Statt Betriebe zu verstaatlichen, werden Staatsbetriebe privatisiert. Peking hat eine Wirtschaftspolitik als sozialistische Marktwirtschaft etikettiert. Der Staat ist also nicht aus dem Spiel, im Gegenteil. Er nimmt nach wie vor eine zentrale Rolle ein. Deshalb ist es hilfreich, wenn auch aus dem Westen Regierungschefs und Wirtschaftsminister in Peking oder Shanghai antichambrieren. Wenn der deutsche Bundeskanzler Gerhard Schröder, wie das vor ihm auch Helmut Kohl getan hat, nach China reist, und das tut er regelmässig, sind ein- bis zweihundert hochkarätige Unternehmer und Wirtschaftsvertreter dabei. Gemeinsam bemühen sie sich um Aufträge.

Mit Blick auf China, das mit über einer Milliarde Menschen künftig zum grössten Markt der Welt aufsteigen wird, erinnern sich unsere Wirtschaftsvertreter gerne an den Staat. Der Wirtschaftsminister oder, noch besser, der amtierende Bundespräsident ist dann als Handelsreisender für die Firma Schweiz AG hochwillkommen.

Im internationalen Handel sind die Risiken oft schwer einzuschätzen. Und die Zahlungsmoral entspricht nicht in allen Ländern schweizerischen Vorstellungen. Wenn es da Probleme gibt, wenn der ausländische Kunde nicht sehr zahlungswillig ist, springt die Exportrisikogarantie (ERG) ein. Joseph Deiss ist daran, das Gesetz zu verfeinern, um den Exportfirmen noch wirksamer beistehen zu können, um sie im stets unübersichtlicher gewordenen globalisierten Markt nicht allein zu lassen.

Fazit: Im Inland soll sich Wirtschaftsminister Joseph Deiss so zurückhalten, dass er die Geschäfte der Wirtschaft nicht stört. Im Ausland hingegen ist er dein Freund und Helfer.

Zum Arbeitsminister:

Da der Arbeitsmarkt Teil der Wirtschaft ist, hat er hier nur beschränkte Kompetenzen. Primär steht ihm die Direktion für Arbeit zur Seite. Sie verwaltet sozusagen die Arbeitslosigkeit. Arbeitslose werden beraten, umgeschult, weitergebildet, vermittelt. Der Vollzug liegt bei den Kantonen.

Innenpolitisch heikel ist das Ausländerproblem. Die Wirtschaft ist unersättlich, wenn es um ausländische Arbeitnehmer geht. Der Bund hat bisher Kriterien erlassen, wie viele einreisen dürfen. Seit dem 1. Juni 2004 ist die erste Stufe der mit der EU ausgehandelten Personenfreizügigkeit in Kraft getreten. Das bedeutet: Arbeitskräfte aus EU-Ländern sind den einheimischen gleichgestellt worden. Die Angst geht um, die Schweiz würde aus Polen, Tschechien, Ungarn oder von wo immer mit billigen Arbeitskräften überschwemmt.

Für ausländische Arbeitskräfte aus Nicht-EU-Ländern bestimmt der Bund, also das Departement Deiss, die Zulassungsbedingungen.

Direkten Einfluss auf den Arbeitsmarkt nimmt der Wirtschaftsminister nicht. Die Arbeits- und Lohnbedingungen werden von den

Arbeitgebern und Gewerkschaften direkt ausgehandelt. Der Bund erlässt Schutzgesetze für Arbeitnehmer, die nicht einem Gesamtarbeitsvertrag unterstehen, wobei in der Regel Minimalnormen festgelegt werden. Der Arbeitsminister ist ein Sozialdoktor, der bei Existenzproblemen den Leuten bestimmte Medikamente verschreibt.

Misstrauische Bauern

Am meisten gefordert wird Joseph Deiss als Landwirtschaftsminister.

Es wird behauptet, die Schweiz unterstütze die Landwirtschaft wie kaum ein anderes Land. Diese Behauptung ist – nach allen verfügbaren Daten – nicht übertrieben.

Es ist noch keine zehn Jahre her, da gab es für die Agrarprodukte die staatliche Preis- und Absatzgarantie. Das heisst, was immer von den Bauern produziert wurde, übernahm der Staat zu garantierten Preisen, ob Brotgetreide, Milch, Käse, Butter, Fleisch, Härdöpfel oder was immer.

Die Verlockung war natürlich gross, so viel wie möglich zu produzieren. Nehmen wir das Beispiel Milch. Es gab Zeiten, da war die Rede von Milchseen, Butterbergen, übervollen Käselagern. Mit einem komplizierten System wurde eine Milchkontingentierung beschlossen. Sonst wären wir noch in zu viel Milch ersoffen.

Überschüssige Milch wurde zu Milchpulver verarbeitet. Mit hohen Kosten notabene. Das teure Milchpulver konnte auf dem Weltmarkt nur mit grossen Verlusten abgesetzt werden. Das Gleiche geschah mit dem Käse. Im Auftrag des Bundes bewirtschaftete die Käseunion den Käsemarkt. Weil auch viel zu viel Käse hergestellt wurde, wurde er exportiert. So weit, so gut. Nur: Zu schweizerischen Preisen konnte und kann heute unser Käse im Ausland nicht mehr verkauft werden. Über Jahrzehnte zahlte der Bund deshalb Exportsubventionen, in den achtziger und neunziger Jahren bis zu 500 Millionen Franken jährlich.

Das System ist seit ein paar Jahren geändert worden. Heute erhalten die Bauern so genannte Direktzahlungen, Talbauern weniger als Bergbauern. Wer ökologisch produziert, bekommt einen Zuschlag. Damit soll die frühere Überproduktion gestoppt werden. Der Bauer hat keinen Anreiz, möglichst viel zu ernten, sondern möglichst gute Qualität zu erzielen.

Die Direktzahlungen des Bundes machen bei den Bergbauern im Schnitt drei Viertel ihres gesamten Einkommens aus. Im gesamtschweizerischen Durchschnitt kann man sagen, jeder Bauer bekomme von Bern 60 000 Franken an Direktzahlungen. Dafür ist zum Beispiel der Milchpreis erheblich gesunken. Die Agrarprodukte werden nun auf dem freien Markt gehandelt. Immer weniger mit staatlicher Preis- und Absatzgarantie.

Aber die Landwirtschaft bleibt eine geschützte Werkstatt. Die WTO (Welthandelsorganisation), der 146 Staaten angehören, legt Regeln für den Agrarexport fest. Die reichen Staaten des Westens haben ihre Agrarexporte dermassen verbilligt, dass sie auf dem Weltmarkt konkurrenzlos sind. Amerikanischer Weizen zum Beispiel wird nirgends auf dieser Welt so billig produziert, wie ihn die USA verkaufen. Damit werden die Bauern in den Drittweltländern mit Dumpingpreisen unterlaufen. Es lohnt sich für sie gar nicht, Weizen zu säen. US-Importware wird billiger angeboten.

Das bedeutet, nicht einmal die Billiglohnländer sind gegen solche Machenschaften konkurrenzfähig. Damit werden sie abhängig vom Ausland, und ihre eigene Landwirtschaft geht vor die Hunde. Dagegen will die WTO vorgehen.

In der Schweiz demonstrierten zum Beispiel die Gemüsebauern gegen diese WTO-Gefahr. Sie verlangen von Joseph Deiss, dass er sie nicht im Stich lässt. Was heisst das konkret? Wenn schweizerische Tomaten reif sind, werden ausländische Tomaten mit Zollzuschlägen so hoch belastet, bis sie teurer sind als schweizerische: Da werden Zollzuschläge bis zu 1000 Prozent erhoben. Was für Tomaten gesagt wird, gilt für viele andere Gemüse. Die WTO will jedoch demnächst solche Zollschutzmauern niederreissen.

Landwirtschaftsminister Joseph Deiss kann mit seinen Unterhändlern bei der WTO nur Rückzugsgefechte liefern, kann Massnahmen verlangsamen, kann aber den Zug nicht aufhalten.

Die Drittweltländer sind nicht mehr bereit, mit verbilligten Agrarprodukten der USA und EU überschwemmt zu werden. Es ist daher absehbar, dass für die schweizerische Landwirtschaft Nachwehen zu spüren sein werden. Joseph Deiss kann bei den Bauern nur verlieren. Es ist fast absehbar, wann er ihr Buhmann sein wird. Er kann nichts dafür. Er ist nicht dafür verantwortlich, dass in der Schweiz jahrzehntelang eine Landwirtschaftspolitik praktiziert wurde, die durchaus in die sowjetische Planwirtschaft gepasst hätte. Wie alle, die Privilegien zu verlieren haben, wehren sich die Bauern. Auf dem Buckel von Joseph Deiss.

Hätte Deiss nicht Bundesrat werden wollen, müsste man mit ihm fast Bedauern haben: viel Verantwortung, wenig zu sagen.

Doch der Mann aus Fribourg bleibt gelassen: «Als Christdemokrat stehe ich zur sozialen Marktwirtschaft. Das ist aber keine linke Politik! Nehmen wir die Sozialversicherungen. Es liegt in der Natur der Sache, dass sie nicht nach dem Markt funktionieren, sondern nach dem Bedürfnis. Wer sie privatisieren will, macht einen Denkfehler. Den sozialen Ausgleich kann man nicht über den Markt regeln.» (Blick, 31.7.2004)

In der Junisession 2004 des Nationalrates hatte Joseph Deiss als Bundespräsident die Ziele des Bundesrates bis zum Jahr 2007 zu begründen. «Die Ambitionen eines Landes dürfen im Übrigen durchaus etwas weiter reichen als nur bis zum Wirtschaftswachstum und Sanieren der Finanzen», mahnte er.

Joseph Deiss ist ein politischer Handwerker: solid, zuverlässig, berechenbar. Er arbeitet im Team. Er hat das nicht, was Pascal Couchepin im Übermass verkörpert: Charisma und Machtbewusstsein. Aber Deiss ergänzt den Walliser, dem als Designer von grossen Entwürfen selten genug grössere Schritte gelingen.

So ist schweizerische Politik.

Wer nicht allzu sehr aus dem Rahmen fällt, keine Bäume ausreisst oder die Parteifahne nicht zu innig hochhält, kann Bundesrat werden.

Das Plus von Deiss: Er haut nicht über die Stränge.

Eigentlich ist er wie der nette Nachbar von nebenan.

Was ich noch sagen wollte

Wie wenig Armee ist genug?

Die Schweizer Armee ist in den letzten 15 Jahren gehörig durchgeschüttelt worden. Vom alten Mannschaftsbestand aus ihren besten Kampfzeiten ist nur noch ein Viertel übrig geblieben. Sie wurde zuerst halbiert und dann geviertelt. Dieser Prozess ist für schweizerische Verhältnisse wirklich sensationell.

Als im November 1989 über die GSoA-Initiative, über die ‹Schweiz ohne Armee› abgestimmt wurde, hatte der Bundesrat die Aktivdienstgeneration mobilisiert. Als Anlass diente ihm das Jubiläum ‹50 Jahre Kriegsausbruch›. Während andere Länder das Kriegsende und damit den Frieden feiern, war es in der Schweiz der Kriegsausbruch. Etwas Absurderes ist schlecht vorstellbar.

Aber das Motiv für die Feier war nur ein Vorwand gewesen. Es ging darum, die Aktivdienst-Soldaten zum Kampf gegen die GSoA-Initiative zu gewinnen. Im ganzen Land fanden daher so genannte ‹Diamant-Feiern› statt. Und zur Erinnerung an die harten Zeiten im Zweiten Weltkrieg wurde den Teilnehmern der legendäre ‹Spatz› in der Gamelle serviert.

Die Armee war im Bericht des Bundesrates als die Schule der Nation gewürdigt worden. Das war die Höchstnote für die Armee.

Seither hat sie an Einfluss verloren, hat sie einen enormen Bedeutungsverlust hinnehmen müssen. Zwar wurde die GSoA-Initiative deutlich abgelehnt. Aber eine Abfuhr, wie die Armeeführung erhofft hatte, war es nicht. Mit 36 Prozent gab es zu viele Ja-Stimmen.

Die Auswertung des Abstimmungsresultats war für die Militärs niederschmetternd. Die jungen Soldaten, die des Auszugs, hatten der Initiative mehrheitlich zugestimmt. Die alten, die Menschen der Aktivdienstgeneration, haben die Armee gerettet.

Von diesem Sieg hat sich die Armee seither nie mehr erholt.

Bedrohungslage ist ein gängiger militärischer Begriff. Im Kalten Krieg war die Bedrohung gross, die Generäle rechneten mit einem Angriff aus dem Osten. Heute hat sich die Bedrohungslage entspannt. Niemand will uns mehr angreifen.

Das gibt der Chef der Armee, Korpskommandant Christophe Keckeis, ohne Wenn und Aber zu: «Früher war das alles ganz anders. Da waren die Panzerdivisionen des Warschauer Pakts (unter sowjetischem Kommando) eine echte Bedrohung. Aber die sind jetzt weg. Heute sitzen wir alle in Brüssel und sind die besten Freunde – und alle haben das gleiche Problem: Alle müssen auch noch innere Sicherheit produzieren und haben daneben aber auch noch so eine Art Verteidigungsauftrag, obwohl jeder weiss, dass man sich gegenseitig nicht angreift.» (Das Magazin, 33/2004)

Der Chef der Armee empfiehlt denn auch, «dass wir im Bereich Verteidigung weiter sparen – dies ist ja der teure Bereich.» Dafür brauche die Armee mehr Mittel für den neuen Auftrag, die Polizei bei der inneren Sicherheit zu unterstützen. «Früher war die innere Sicherheit nicht so umfassend gefährdet», holt Keckeis aus. «Heute haben wir Terrorismus, organisierte Kriminalität, Menschen- und Waffenhandel, Drogenhandel à gogo, kreuz und quer, und alles globa1! Das beginnt zum Beispiel in Kabul, wir kennen die Route, quer durch den Balkan und am Schluss in die Schweiz. Nur fehlt uns der Mut, Klartext zu reden. Schauen Sie nach Deutschland, dort heisst es ganz klar: Die Verteidigung Deutschlands beginnt am Hindukusch. Wir Schweizer neigen dazu, diese Risiken zu verdrängen. Wir kriegen es gerade mal hin, dass wir den Balkan stabilisieren müssen, um die Probleme der inneren Sicherheit zu minimieren.» (Das Magazin, 33/2004)

Korpskommandant Keckeis steckt die neuen Felder für die Armee ab. Wenn schon kein Feind in Sicht ist, soll sie Friedenseinsätze im Ausland leisten, um so die innere Sicherheit bei uns zu untermauern. Er hält den militärischen Alleingang für nicht mehr machbar. Damit ist der Sieg gegen den Feind nur noch Heldenlegende. Hätte das der höchste Offizier im Kalten Krieg gesagt, wäre er vor ein Militärgericht gestellt und wegen Landesverrat angeklagt worden.

Das ‹Gleichgewicht des Schreckens›

Das sicherheitspolitische Umfeld von heute ist mit dem im Kalten Krieg nicht zu vergleichen. Die Bedrohung durch einen direkten militärischen Angriff ist weg.

Im Kalten Krieg herrschte ein Angstklima. Die beiden Weltmächte, die USA und die Sowjetunion, befanden sich in einem Rüstungswettlauf. Für Willy Brandt war das der atomare ‹Rüstungswahnsinn›. Beide Giganten verfügten über die nukleare Zweitschlagskapazität. Gemeint war, der Angegriffene hätte noch zurückschlagen können. Einen Krieg mit Atomwaffen hätte keiner überlebt. Die USA wie die Sowjetunion wären atomar zerstört worden. Daraus entstand das ‹Gleichgewicht des Schreckens›. Es bildete die perverse Friedensgarantie.

Es blieb beim Kalten Krieg.

Der Kalte Krieg dauerte vier Jahrzehnte lang. Der Fall der Berliner Mauer im November 1989 war der Anfang vom Ende.

Die Schweiz lag mitten im Minenfeld zwischen Ost und West. Offiziell war sie neutral, faktisch gehörte sie zum Westen, ideologisch befand sie sich im Kriegszustand mit dem kommunistischen Osten. Von dort wurde der Angriff erwartet, darauf hatte sich die Armeeführung eingestellt.

Diese Bedrohung prägte das innenpolitische Klima. Der Kalte Krieg tobte in voller intellektueller Stärke. Landesverteidigung und Armee waren tabu. Wer sie zu unflätig kritisierte oder gar in Frage stellte, machte sich verdächtig, gehörte zum inneren Feind, auf den im Ernstfall kein Verlass gewesen wäre. Für diese ‹Subjekte› hatte die Armeeführung, wie 1990 von einer Parlamentarischen Untersuchungskommission nachgewiesen wurde, Internierungslager geplant.

Einzig die Armee garantierte dem Land, so die offizielle Doktrin, Sicherheit, Unabhängigkeit und Freiheit.

Heute ringt die Armee um Anerkennung, sucht Aufträge, kämpft um ihre Existenzberechtigung.

Sie bereitet sich nicht mehr auf den grossen vaterländischen Krieg vor. Der Einsatzbefehl ist bescheidener geworden: Bewachung von ausländischen Botschaften, internationalen Konferenzen, Friedenseinsätze im Kosovo. Der eigentliche Feind, der Terrorismus, versteckt sich auf unheimliche Art.

Der Kampf gegen den Angriff aus dem Osten war in Manövern simuliert worden. Ähnliches ist beim Terrorismus nicht möglich. Wir wissen, dass es ihn gibt, wir wissen nicht, wann und gegen wen er angreifen wird. Wie sich eine Armee darauf einstellen kann, weiss niemand so recht. Es gibt keine patentierte Einsatzdoktrin.

Die Armee ist im Umbruch.

Als Mythos hat sie ausgedient.

Grosse Abschiedsgala im Berner Eisstadion

Im November 2003 war im Berner ‹Bund› zu lesen: «Berns Untergang nach 800 Jahren. Als Militärmacht ist Bern endgültig erloschen.» Was war passiert?

Im Casino Bern hatte sich in der letzten Novemberwoche 2003 eine einmalige Trauergemeinde versammelt. Wer in der Bundesstadt Rang und Namen trägt, war gekommen. Die meisten in Uniform. Standarten, blitzende Säbel, aufgepflanzte Bajonette und eine Ehrengarde in historischen Waffenröcken sorgten für die patriotische Kulisse. Es galt Abschied zu nehmen von der Felddivision 3, der Berner Division. Sie hat in der neu gegliederten Armee XXI keinen Platz mehr und wird aufgelöst. Das nach 128 Jahren. Der Divisionshistoriker H.R. Lavater erinnerte an deren glorreiche Vergangenheit. Berns Heer sei jahrhundertelang eine ‹europäische Kleinmacht› gewesen. Erst 1874 war es in die Bundesarmee integriert worden. Nun tritt die legendäre Truppe von der militärischen Bühne ab. Zum letzten Mal wurde im Casino für sie der ‹Berner Marsch› gespielt. Waffenbrüder und Ehrengäste versteckten wehmütig ein paar Tränen. «Damit geht», meinte traurig der Divisionshistoriker, «auch die bernische kantonale Militärhoheit zu Ende. Nach 800 Jahren.»

Was sich im Casino Bern abspielte, wiederholte sich überall im Land. Auf der Sechseläutewiese in Zürich beispielsweise wurde die Felddivision 6 verabschiedet. Traditionelle Armeeeinheiten sind landesweit aufgelöst worden. Das, weil die Armee XXI für sie keinen Bedarf mehr hat.

Die ganz grosse Abschiedsgala, das Finale sozusagen, fand am 16. Dezember 2003 im Eisstadion auf der Berner Allmend statt. Über 1000 Gäste waren eingeladen worden. Das Budget für die grosszügig angelegten Festivitäten betrug 1,2 Millionen Franken. Da wurde, wie üblich beim Militär, mit der grossen Kelle angerichtet. Immerhin hatte der militärische Nachrichtendienst die heftig ausgebrochene Kritik im Land abgehört und nach oben weitergegeben. Die Chefs fanden einen Ausweg. Sie gingen auf Betteltour. Vier Fünftel des Budgets sollen von Sponsoren gedeckt worden sein.

Wer waren die Sponsoren? Natürlich die Grosslieferanten der Armee. Rüstungsfirmen aus dem In- und Ausland. Da in der Armee die Verpflegungskosten ins gute Tuch gehen, half auch die Lebensmittelbranche. Damit wurden die Steuerzahler entlastet. Alles paletti also?

Auch das war für lang gediente Militaristen neu: Dass die Armee sich mit einer Abschiedsgala von einer glorreichen Vergangenheit, wie Festredner Bundesrat Samuel Schmid in der Berner Eishalle für das Geschichtsbuch ausführte, vom Dienst abmeldete.

Samuel Schmid im Minenfeld

Der Chef VBS (Verteidigung, Bevölkerungsschutz, Sport), Bundesrat Samuel Schmid, brach in der ersten Augustwoche 2004 Hals über Kopf einen Besuch in Berlin ab und flog ins Bundeshaus zurück. Er war in seiner Abwesenheit unter Beschuss geraten. In solchen Situationen gehöre der Chef «auf die Brücke», kommandierte Schmid sich selber an ‹die Front›.

Ein Bericht, den Schmid selber in Auftrag gegeben hatte, sorgte für Aufregung. Das Inspektorat im eigenen Haus sollte Klimaforschung betreiben und darüber einen Bericht verfassen, der selbstverständlich nicht für die Öffentlichkeit gedacht war. Wie das so ist in unserer Medienwelt, geheim bleibt fast nichts mehr. Jedenfalls zitierte der Reporter im Fernsehmagazin ‹10 vor 10› aus dem vertraulichen Papier. Daraufhin hielt es Schmid in Berlin nicht mehr aus. Die Sache war brisant geworden.

Im Departement herrsche ein Misstrauensklima, auf Kritik werde ungehalten reagiert, ganz oben wurde sogar Führungsschwäche ausgemacht. Spurlos konnten solche Vorwürfe an Schmid nicht vorbeigehen. Denn für die oberste Führung ist er verantwortlich. Um sich zu entlasten, musste ein Bauernopfer her. Ein solches findet sich immer. Schmids Generalsekretär, sozusagen der zweite Mann nach ihm, wurde gegangen.

Der VBS-Chef war auf dem rechten Fuss erwischt worden. Das Inspektorat sollte ihm helfen, nicht ihn belasten. Die Untersuchung habe «eine Eigendynamik entwickelt und betraf plötzlich mein engeres Umfeld und indirekt auch mich selbst», meinte ein beunruhigter Samuel Schmid.

Was dem Militärminister am meisten Sorgen bereiten musste, waren die Indiskretionen. Denn die zielten geradewegs auf ihn persönlich. Als Retourkutsche? VBS-Chef Schmid verteilte seinen Generälen nicht nur Komplimente. Jedes Armeekorps, die Luftwaffe, sogar die Verwaltung «führe sich auf wie eine kleine Armee», kritisierte er. Das müsse aufhören, drohte er, «das wird jetzt alles zusammengeführt.» Das tönte sehr nach Ordnung schaffen. In solchen Übungen bleiben Verlierer zurück, die sich dann rächen, zum Beispiel mit Indiskretionen.

Das VBS hiess bis 1996 EMD (Eidgenössisches Militärdepartement). Der ‹Laden› hat noch jedem Vorsteher Ärger bereitet. Deshalb wechselte der politische Chef häufig. In keinem anderen Departement hat es eine vergleichbare Rotation gegeben. Seit 1967 notieren wir im EMD bzw. VBS acht Vorsteher. Das ergibt eine durchschnittliche Dienstzeit von nur viereinhalb Jahren. Wäre nicht Rudolf Gnägi elf Jahre EMD-Chef gewesen, von 1968 bis 1979, läge der Durchschnitt wesentlich tiefer. Nach Gnägi hat es kein Bundesrat mehr so lange ausgehalten.

Ohne Gnägi beträgt die durchschnittliche Amtsdauer des Militärministers noch dreieinhalb Jahre. Jeder will so schnell wie möglich weg. Auch Samuel Schmid hätte im letzten Dezember gerne gewechselt. Doch sein Parteifreund und Kollege Blocher war dagegen. So musste Schmid bleiben.

Faktisch war in den vergangenen 25 Jahren jeder Vorsteher im Militärdepartement nur noch auf der Durchreise. Das festigte den Einfluss der Militärs und der Militärbürokratie. Mit jedem neuen Kurzaufenthalter an der Departementsspitze nahm deren Macht zu. Sie bilden die Konstante, sie bleiben, während der oberste Chef kommt und schon bald wieder geht. Eigentlich war jeder von Anfang an auf dem Absprungbrett ins nächste Departement. So entwickelte sich keine politische Führung mit sicherer und fester Hand. Das bekam nun Samuel Schmid zu spüren. Wer versucht, sie an sich zu reissen, bekommt es mit den Generälen zu tun. Nicht mit allen, aber renitente gibt es immer.

Der Niedergang der Armee führte natürlich auch nicht gerade zu einer Jubelstimmung. Es werden Stellen gestrichen, lieb gewordene Privilegien gehen verloren, die Armee ist auf dem Rückzug und lässt Opfer zurück. Das frühere Prunkstück der Schweiz ist zum Problem, ist ein Dauerpatient geworden. Da entsteht rasch eine Missstimmung. Schliesslich sind es Militärs nicht gewohnt, in Frage gestellt zu werden. Es tut ihnen in der Seele weh, ständig mit anhören zu müssen, ob es sie überhaupt noch brauche. Wenn dann der oberste Chef noch ‹einen› draufsetzt und die obligatorische Wehrpflicht in Frage stellt, ist der Zapfen ab. Samuel Schmid hat damit die Diskussion angestossen, ob die Milizarmee bald einmal der Vergangenheit angehören und von einer Freiwilligentruppe abgelöst wird.

Es war schon spannender, militärpolitische Beiträge zu verfassen.
Jetzt ist es fast schon ein Abgesang.

Mit einem Schuss Mitleid, das man mit den Betroffenen haben könnte.

Umgekehrt war es nie ein positives Zeichen, möglichst viel Armee zu haben und dafür möglichst viele Milliarden ausgeben zu müssen.

Sind wir also auf dem Weg zum Frieden mit der Frage: Wie wenig Armee ist genug? Das allerdings wäre eine kühne Annahme.

Halten wir einfach fest: So wenig Schweizer Armee wie heute war noch nie.

Parteiengeschichte(n)

FDP

Vom Niedergang einer einstigen Allmacht

Schweizerische Politik tickt anders.

Zum Beispiel Frankreich.

Dort fanden im März 2004 Regionalwahlen statt. Zwei Jahre vorher hatten die Bürgerlichen triumphale Erfolge errungen, Jacques Chirac war als Staatspräsident bestätigt worden, die Linke hatte auf der ganzen Linie eine vernichtende Niederlage erlitten und die Mehrheit im Parlament verloren.

Nur 24 Monate später buchte die gleiche Linke bei den Regionalwahlen einen erdrutschartigen Erfolg. Sie stürmte die Ratshäuser in 25 von 26 Regionen. Die konservative Rechte von Jacques Chirac verteidigte ihre Mehrheit gerade noch im Elsass.

So schnell kann beim westlichen Nachbarn das Stimmungsbarometer umschlagen.

Bei uns erfolgen Veränderungen schleichend. Von Wahl zu Wahl. Im Vierjahrestakt.

Eine Wahlniederlage wird zuerst mal als ‹Ausrutscher› schöngeredet. Mit dem Hinweis zum Beispiel, man habe halt Proporzpech gehabt. Beliebt ist auch die Ausrede, eigentlich sei die Politik der Partei doch gut gewesen, aber schlecht kommuniziert worden. Politischer Misserfolg als Informationspanne.

Der Katzenjammer erfolgt gleichwohl. Trotz Ausreden einfach später. Bei der Freisinnig-demokratischen Partei der Schweiz sogar 20 Jahre später. In fünf nationalen Wahlgängen vermochte die FDP nie mehr zuzulegen. Im Gegenteil, sie verlor konstant Mandate. Allerdings sehr dosiert, so dass es nicht wehtat. Wie nach den Wahlen 1999. Die FDP blieb auf dem Krebsgang, aber sie stellte im Bundeshaus nach wie vor die stärkste Fraktion. Wer so schön verliert, macht sich kaum grosse Sorgen.

Am 19. Oktober 2003 hingegen war dann die Luft draussen. Die FDP hatte von allen Parteien am meisten Sitze eingebüsst. Innert 20 Jahren, seit 1983, war ein Drittel ‹verschwunden›. Statt 54 sind es im Nationalrat noch 36 Freisinnige. Der Wähleranteil sank unter 18 Prozent, was Tiefenrekord bedeutet.

Die Führung der FDP hatte die Messlatte für die Wahlen 2003 hoch gelegt. Zu hoch: «Mindestens ein Viertel der Sitze im Nationalrat». Das wären 50 Gewählte gewesen. 36 waren es dann. So wenige wie noch nie. Das Mindestziel wurde nicht annähernd erreicht.

Die FDP ist etwas Einmaliges.

Während 95 Jahren hatte sie im Bundesrat die absolute Mehrheit inne. Von 1848 bis 1943. Fast hundert Jahre ununterbrochen an der Macht!

In Europa und anderswo gibt es – nach meinem Kenntnisstand – nichts Vergleichbares.

Die Vorläufer der Freisinnigen hatten sich noch Radikal-Liberale genannt. Sie waren die Gründer des heutigen Bundesstaates, den sie 1848 schufen.

Nach der langen freisinnigen Alleinherrschaft im Bundesrat wurden andere Parteien in das System eingebaut. 1891 die CVP (damals noch KK, katholisch-konservative Partei), 1925 dann die SVP (damals BGB, Bauern-, Gewerbe- und Bürgerpartei), 1943 als letzte die SP. Damit hörte zugleich die Vorherrschaft der FDP auf.

Immerhin behaupteten die Freisinnigen im bürgerlichen Lager stets den ersten Platz.

Auch damit ist es vorbei. Die SVP hat sie rechts überholt.

Die Freisinnigen waren mal Revoluzzer. Man kann das heute kaum mehr glauben.

1890 gab es in Bellinzona einen gewaltsamen Umsturz, als Putschisten nach kurzem Kampf das Rathaus besetzten und die politische Macht übernahmen. Dabei kam ein Mitglied der gestürzten Regierung ums Leben Geputscht hatten die Radikal-Liberalen.

Der Bundesrat reagierte auf das Geschehen im Tessin gelassen passiv. Er schickte keine Truppen nach Bellinzona. Die Rädelsführer mussten nicht ins Gefängnis. Der Bundesanwalt, ein Radikal-Liberaler, sah dafür keinen Grund. Vielmehr hatte er bemerkt, in gewissen Situationen gebe es halt «ein Recht auf Revolution».

Ein Putsch in der Schweiz? So etwas wäre heute unvorstellbar. Und schon gar nicht unter Führung der FDP! Deren Machtzentrum war ja auch nie im Tessin, sondern in Zürich, an der Bahnhofstrasse. Da residiert das Zentralkomitee des Kapitals und ist für die Freisinnigen zur ideologischen Heimat geworden. Dort hätten Aufwiegler nichts zu suchen.

SP – Tochter des echten Freisinns

Der nach den Radikalen allmählich vom Freisinn beherrschte Staat war zum Leistungsträger für die Wirtschaft umstrukturiert worden.

Ein Mitbegründer der Sozialdemokratischen Partei der Schweiz und Verfasser des ersten Parteiprogramms, der Berner Patrizier Albert Steck, könnte die FDP von heute gemeint haben, als er dem Freisinn vorwarf, zu sehr und zu ausschliesslich die Interessen der Mächtigen zu vertreten. Und nun genau das tue, wogegen der Freisinn früher selber gekämpft habe.

Es ist bemerkenswert, wie Steck den damaligen Wandel analysierte: «Wie früher Einzelne über die politische Macht gleichsam als Privatbesitz verfügten, verfügen heute Einzelne über die wirtschaftliche Macht. Wie der alte Freisinn die politische Klassenherrschaft durch die politische Demokratie stürzte, so muss nun die Sozialdemokratie als der neue Freisinn die ökonomische Klassenherrschaft durch die wirtschaftliche Demokratie stürzen. Die Sozialdemokratie ist die Tochter des echten Freisinns, aber nicht der Freisinnigen.»

Steck hatte die grosse historische Leistung des Freisinns zu Recht gewürdigt: die Schaffung der politischen Demokratie. Zugleich wagte er zu kritisieren, die Freisinnigen hätten sich – schon vor 120 Jahren – mit den Mächtigen arrangiert. Sie, die immerhin dem Staat eine zentrale Rolle zugewiesen hatten. Weil eine erfolgreiche Wirtschaft einen starken Staat brauche. Das hiess, weil der Staat der Wirtschaft die nötige Infrastruktur zur Verfügung stellen sollte. Die FDP verstaatlichte folglich die öffentlichen Dienste wie Bahn, Post und Telefon. Und die Energie- und Wasserversorgung wies sie den Aufgaben der Gemeinden zu. Was wir heute als Service public verstehen, trägt also die freisinnige Handschrift.

Natürlich ändern die Zeiten. Und diese verlangen neue Denkmodelle. Die Idee jedoch, wichtige Aufgaben als öffentliche Dienste wahrzunehmen, hat gerade im Zeitalter der Globalisierung eine immer grössere Berechtigung. Wir alle möchten nicht nur von Konzernchefs abhängig sein, die uns von London, New York, Timbuktu oder von wo immer ihre Befehle diktieren. Öffentliche Dienste sind Allgemeinbesitz und werden auf den globalen Finanzmärkten nicht verhökert, um wenige noch reicher zu machen. Es ist daher schon penibel, wenn die Nachfahren der einstigen Service-public-Erfinder heute nur noch von drei Begriffen schwärmen: Deregulieren, Liberalisieren, Privatisieren.

Wer gut bleiben will, müsse besser werden, heisst es. Wenn mit besser werden jedoch das Gegenteil von dem gemeint ist, was bisher gut war, gibt es Probleme. Das sind die der heutigen FDP.

1975 hatten die Strategen der FDP eine neue Doktrin verpasst: «Mehr Freiheit – weniger Staat». Gemeint war, mehr private Macht, weniger öffentlicher Einfluss. Die grösste Staatspartei der Schweiz vollzog somit einen Kurswechsel. Der Staat war von nun an ihr Hauptgegner.

Genau dieser Staat jedoch war fest in freisinniger Hand. Vier Fünftel der Chefbeamten im Bundeshaus besassen das Parteibuch der FDP. In der Armee das gleiche Bild. Divisionäre und Korpskommandanten verdankten den Grad demselben Kennwort: FDP. Ausnahmsweise rutschte mal einer von der CVP in die Phalanx hinein. Seltener noch einer von der SVP. Aber schon gar keiner vom inneren Feind der Armee, der SP. Wer in der Wirtschaft Rang und Namen hatte, gehörte zum helvetischen Establishment, das identisch war mit Freisinn.

Der Schweizerische Handels- und Industrieverein, heute Economiesuisse, drapierte sich mit dem Kürzel ‹Vorort›. Er hatte sich in Bern ‹vor Ort› etabliert. Mit dem Büro im Bundeshaus direkt neben dem jeweiligen Volkswirtschaftsminister. Ebenfalls freisinnig.

Doch 1984 geschah Unerhörtes. CVP-Bundesrat Kurt Furgler nahm im Volkswirtschaftsdepartement Einsitz. Für die FDP eine feindliche Übernahme.

Achtzehn Jahre später verzichtet Pascal Couchepin freiwillig auf die freisinnige Hochburg und wechselt ins Departement des Innern. Bester Beweis, wie wenig mehr der Wirtschaftsminister zu sagen hat. «Mehr Freiheit – weniger Staat» hat gewirkt. Die FDP hat ein Stück weit erreicht, die Eidgenossenschaft stärker in Richtung Schweiz AG auszurichten.

Welcher Teufel ritt die freisinnigen Ideologen, ihren eigenen Staat ins Visier zu nehmen und das ‹Feuer› auf ihn zu eröffnen?

Ist der FDP der Sozialstaat zu unheimlich geworden?

Ihre Politik ist auf Eigenverantwortung ausgerichtet. Das heisst: so viel freier Markt wie möglich, so wenig Sozialstaat wie unbedingt nötig.

Die FDP hat ihre eigenen Verdienste verleugnet. Das grösste Sozialwerk der Schweiz, die AHV, ist massgeblich vom freisinnigen Bundesrat Walter Stampfli realisiert worden. Zusammen mit dem SP-Nationalrat und Präsidenten des Schweizerischen Gewerkschaftsbundes, Robert Bratschi. Schade: Statt auf diese soziale Tat zurückzugreifen, wird nun Sozialpolitik eher als notwendiges Übel begriffen.

In zunehmend unsicherer gewordenen Zeiten hält es die FDP für richtig, den Sozialstaat zumindest ideologisch zu filetieren. Das Gerede, Soziales vom Bedarf, von der Bedürftigkeit abhängig zu machen, löst Ängste aus. Herr und Frau Schweizer hassen etwas ganz besonders, haben davor geradezu einen Horror: vom Fürsorgeamt abhängig sein zu müssen.

Und nicht nur Arme haben davor Albträume. Für sie wird, wenn auch auf bescheidenem Level, sozialpolitisch noch am ehesten gesorgt. Verunsichert ist heute der Mittelstand. Er kommt überall zur Kasse, geht bei staatlichen Leistungen vielfach leer aus. Das belastet Familien mit Kindern, die durchaus ein ‹rechtes› Einkommen haben.

Ihnen bietet die FDP kaum mehr Anreize, sie zu wählen. Damit, wenn die Partei stärker würde, der Sozialstaat noch mehr geschwächt werden könnte?

Der Freisinn ist auch massgeblich an der Finanzmisere des Bundes schuld. Seit einem Vierteljahrhundert kommt dieser nicht aus den roten Zahlen hinaus. In einem der reichsten Länder der Welt. Das ist eine Bankrotterklärung schlechthin. Aber es gehört zu Strategie der Apostel von ‹mehr Freiheit – weniger Staat›, diesem den Geldhahn zuzudrehen. Das hatte der damalige FDP-Sprecher für Finanzpolitik, Ständerat Hans Letsch, bis zum Geht-nicht-mehr propagiert.

Margaret Thatcher, die als englische Premierministerin ihrem Volk eine sozial- und wirtschaftspolitische Rosskur verpasst hat, wie sie in ihrer Radikalität kaum zu überbieten ist, spottete einmal: «So etwas wie Gesellschaft gibt es nicht, es gibt nur Individuen.»

Wer das sagt, will keinen Sozialstaat.

Das Glück der FDP war, dass sie dermassen extrem wie die britische Lady nicht vorgehen konnte. Das hätte die Partei zerrissen. Schliesslich hat sie mehr als genug vernünftige Leute in ihren Reihen.

Aber das Dilemma der auseinanderdriftenden Flügel hat die SVP durchschaut. Die Blocher-Partei übernahm den ‹neuen› freisinnigen Kurs ‹mehr Freiheit – weniger Staat›. Nur konsequenter, populistischer, rücksichtsloser, erfolgreicher.

Und die Freisinnigen blieben auf halbem Weg stehen, mussten sich gar von der SVP mobben lassen, sie seien ja gar keine Bürgerlichen mehr, sondern die dummen ‹Netten›, die der Linken in die Hand schaffen.

Auf diesem Klavier spielten die SVP-Solisten ihre freisinnigen Konkurrenten virtuos an die Wand.

Die FDP hat sich selber geschlagen. Sie verlor den Führungsanspruch im Staat und bürgerlichen Lager.

Man könnte es auch anders formulieren:

Die FDP ist von ihrem einst radikal-liberalen, vom freisinnigen Weg abgekommen und auf die schiefe Bahn der SVP geraten.

Kaum da, schon wieder weg

Nach der Wahlschlappe vom Herbst 2003 wird die FDP nun auch noch vom Pech verfolgt.

Der im Frühjahr 2004 zum Parteipräsidenten gewählte Rolf Schweiger musste aus gesundheitlichen Gründen schon nach sieben Monaten aufgeben. Das ist für die FDP eine mittlere Katastrophe. Die Partei müsste endlich mal zur Ruhe kommen, um politisch Tritt zu fassen. Statt dessen muss das Präsidium innert weniger Jahre bereits zum vierten Mal neu besetzt werden. Bis zum Frühjahr 2005 soll Marianne Kleiner als Vizepräsidentin ‹den Laden› schmeissen.

Ob die FDP sich dazu durchringen wird, in der Ersatzfrau mehr als eine Interimslösung zu sehen, ist schwer vorauszusagen. Rolf Schweiger hatte das Problem erkannt. Er bat deshalb sogar die Basler SP-Ständerätin Anita Fetz um Rat. «Ich möchte dir einmal eine halbe Stunde zuhören», meinte er. «Mich interessiert, wie du das siehst, weshalb wir ein derartiges Frauenproblem haben. Was machen wir falsch? Was würdest du an meiner Stelle tun?»

Der Mann hat offensichtlich keine Berührungsängste. Nach seiner Wahl kommentierte ich, Rolf Schweiger könnte für die FDP ein Glücksfall sein. Allerdings setzte er sich selber unnötig unter Druck. Er gab sich lediglich zwei Jahre Zeit. Betrachte er sich 2006 als gescheitert, «dann stelle ich mein Amt zur Verfügung.»

Diese Ungeduld erkläre ich mir aus der Situation heraus. Die FDP steckt in einem Tief. Rolf Schweiger ist nicht mehr der Jüngste. Also wollte er möglichst schnell Erfolg haben. Diesem Stress war er gesundheitlich nicht gewachsen.

Rolf Schweiger definierte seine Position so: «In der Steuer- und Finanzpolitik will ich Rigidität. In der Wirtschaftspolitik Modernität. Und in der Gesellschaftspolitik Liberalität. Ich will eine bürgerliche Position für den modernen Menschen. Oder noch einfacher: Wir sind weder links noch konservativ, sondern FDP.»
(NZZ am Sonntag, 15. 8. 2004)

Solche Absichtserklärungen hat jede Partei auf Lager. Sie sind das Papier nicht wert: «Wie immer ohne Gewähr.»

Bei diesem politischen Kauderwelsch werden die wahren Absichten verschwiegen. Rigidität in der Steuer- und Finanzpolitik heisst auf gut deutsch: Abstriche im Sozialbereich, oft bei der Bildung, sicher bei der Krankenversicherung, seltener bei den Autobahnen.

Die FDP hat in den zwei letzten Jahrzehnten nicht massiv Stimmen eingebüsst, weil sie eine klare, überzeugende und glaubwürdige Politik vertreten hat. Sie hat sicher konservativere Wähler an die SVP verloren, zugleich jedoch liberalere vor den Kopf gestossen. Das heisst, es war für beide Strömungen mühsam bis fast nicht mehr erkennbar, welches politische Profil die FDP eigentlich hat.

Der zurückgetretene Präsident Rolf Schweiger hat Ansätze gezeigt, das zu korrigieren. Die Zeit fehlte ihm, den Tatbeweis zu erbringen. Ob er ein überzeugender Stratege gewesen wäre, wissen wir ebenso wenig. Nun muss die Nachfolgerin oder der Nachfolger das Defizit aufarbeiten.

Es braucht den sozialen Kitt

Vor dem Zweiten Weltkrieg unterschied man in der Arbeitswelt zwischen Arbeitern und Angestellten, zwischen ‹Büezern› im blauen Überkleid und den ‹Stehkragen-Proletariern› im weissen Hemd mit

Krawatte, wie die Angestellten spöttisch genannt wurden. Die Arbeiter waren in der Gewerkschaft organisiert, die Angestellten im Kaufmännischen Verein. Politisch stand die Gewerkschaft schon damals der SP nahe, der KV jedoch der FDP.

Die FDP war effektiv die erste Volkspartei. Mit dem Schwerpunkt Wirtschaft. Immerhin vermochte sie auch einen Teil des Fussvolks dieser Wirtschaft anzusprechen. Die Angestellten im Büro.

Der Generalsekretär des KV gehörte im Nationalrat traditionell zur Fraktion der FDP. Der Präsident des Schweizerischen Gewerkschaftsbundes dafür zur SP-Fraktion. Heute fehlt bei der FDP der soziale Flügel. Sie hat sich selber als Wirtschaftspartei eingestuft. Sie vertritt die Interessen der Unternehmer, der Manager, der Multikonzerne. Das gehört sich für eine Wirtschaftspartei. Das Soziale im weitesten Sinn aber gehört dazu. Deshalb ja hat Ludwig Erhard, der legendäre Wirtschaftsminister der Bundesrepublik Deutschland in der ersten Nachkriegszeit, von der ‹sozialen Marktwirtschaft› gesprochen.

Volkswirtschaft ist eine Wirtschaft für das Volk. Dazu gehört der sozialpolitische Auftrag. Den kann nur der Staat übernehmen. Gemeinsam bilden Staat und Wirtschaft die soziale Marktwirtschaft.

Friedrich Dürrenmatt hat gesagt, eine freie, soziale und gerechte Gesellschaft werde es nie geben. Eine freiere, sozialere, gerechtere hingegen schon. Sich dafür einzusetzen, bleibe der politische Dauerauftrag.

Die Marktwirtschaft jedoch ist effizient, statt sozial und gerecht. Sie ist das Revier des Stärkeren, des Grösseren, des Mächtigeren. Deshalb redet der frühere deutsche Bundeskanzler Helmut Schmidt vom ‹Raubtierkapitalismus›. Menschen in Billiglohnländern schuften für noch höhere Gewinne der Multikonzerne in den reichen Ländern.

Es gibt keine Behörde, keine Weltregierung, die das unterbindet, die soziale Standards vorschreibt. Sozialpolitik ist Sache der einzelnen Länder, sie ist in einer internationalen Wirtschaft national geblieben. Da in der globalisierten Wirtschaft ein Konkurrenzkampf unter den Ländern um billigere Löhne herrscht, hat es nationale Sozialpolitik schwer. Trotzdem oder erst recht bleibt sie eine zentrale Staatsaufgabe.

Zur Erinnerung ins Logbuch der FDP sei nochmals gesagt: Mit einer Politik ‹mehr Freiheit, weniger Staat› stellte sie ihre historische Doktrin in Frage. Dazu hatte der sozialpolitische Auftrag immer gehört, wenn auch nicht mit Herzblut, dann doch mit Verstand.

Und wenn François Couchepin, der frühere Bundeskanzler und Cousin von Pascal, etwas pathetisch beklagt: «Die FDP hat mit der Verleugnung der eigenen Geschichte ihre Seele verloren!», dann dürfte doch faktisch eines unbestritten sein: Mit der Kampfansage gegen den eigenen Staat hat sich die FDP selber geschadet. Seither ging es bergab mit ihr. Anfänglich nur ‹süferli›, ab 1984 konstant, zuletzt fast schon rasant.

Grund?

Die brillantesten Köpfe der Wirtschaft hatten seit jeher wie selbstverständlich zur FDP gehört oder zumindest mit ihr sympathisiert. Das war einmal. Am augenfälligsten zeigte sich das beim Swissair-Debakel im Herbst 2001. Das Grounding war ein Lehrstück für unternehmerische Arroganz und Unfähigkeit. Die Bruchpiloten trugen alle die gleiche Parteifarbe. Die gelb-blaue von der FDP.

Auch andere Konzerne produzierten Milliardenverluste. Nennen wir stellvertretend für viele die Zürich Versicherung, Rentenanstalt und Credit Suisse. ‹Zufällig› hockten in den Chefetagen und Verwaltungsräten vorwiegend freisinnige Manager und Interessenvertreter. Und die Nieten kassierten noch Millionen Franken als ‹Schmerzensgeld› für die ‹Freistellung›.

Die angeschlagenen Führungsleute erwiesen sich zumindest beim Abzocken als erstklassig. Und verspielten so den Kredit ihrer Partei. Mit einem Mal war die Wirtschaftspartei als Versagerin für Wirtschaftsfragen in die Schlagzeilen geraten. Und die Blocher-SVP nutzte ihre Chance gnadenlos aus und streute wacker Salz in die Wunden der FDP.

Was folgte?

Die FDP war auf einmal gehörig ins Schleudern geraten. Parteipräsident Gerold Bührer trat nach kurzem Gastspiel fluchtartig zurück. Er war als Verwaltungsrat der Rentenanstalt (Swiss Life) zur Belastung geworden. Mit einem Schlag hatte die Wirtschaftspartei ihre Kompetenz im politischen Kerngeschäft eingebüsst. Zu viele freisinnige Versager belasteten das Konto der Partei. Mit Ulrich Bremi war 1981 einer der letzten grossen Wirtschaftsführer aus dem Nationalrat ausgeschieden. Er ist in der FDP-Fraktion eigentlich bis heute nicht vollwertig ersetzt worden.

Ein junger Unternehmer hat Interessantes beobachtet: «Führungsleute der Wirtschaft finden zunehmend Gefallen an der SVP. Kaderleute wählen noch freisinnig und überraschend viele SP. Aber die FDP könnte nach meiner Einschätzung auf das Niveau der deutschen FDP zurückfallen.»

Der Politologe Claude Longchamp sieht das gleich: «Jetzt wird sichtbar, dass die FDP auf dem Weg zu einer Partei mit einem Wähleranteil von 12 bis 15 Prozent wird.» Die Ursache ist auch für Longchamp klar: «Die Anti-Staats-Ideologie.» Die Freisinnigen haben ihren traditionellen «Zentrumskurs aufgegeben» und so die «Angestellten, Beamten oder Lehrer als Wähler verloren. Die wählen kaum noch FDP.»

Claude Longchamp analysiert schweizerische Politik mit der Präzision eines Chronometers. Und das tönt dann so: «Die FDP ist keine Volkspartei mehr. Auch die CVP nicht. Am meisten schadet beiden, dass sie ihren Nimbus als breit abgestützte Volksparteien verloren haben. Wer früher bei der FDP oder CVP mitmachte, war automatisch bei der Mehrheit. Das ist in immer weniger Kantonen der Fall.» (Tages-Anzeiger, 16.4.2004)

Die ‹Neue Zürcher Zeitung› befürchtet für die FDP in der Romandie sogar den «Abstieg in die Bedeutungslosigkeit, wenn nicht ihr völliges Verschwinden.»

Mit ein paar Jahren Verzögerung hat die SVP ihre Treibjagd auf die FDP auch im Welschland erfolgreich begonnen. Die konservativen Wähler am rechten Flügel der FDP, und auch der CVP, laufen zur SVP über. Der gleiche Film lief schon in der Deutschschweiz. Nur hatte man die welschen Freisinnigen für kerngesund und immun gegen den SVP-Virus gehalten. Das hat sich als Irrtum erwiesen. Deshalb sitzt der Schock umso tiefer.

Die letzte Chance?

Eine Partei, die Probleme und Lösungen aufzeige, sei «zur relativen Erfolgslosigkeit verurteilt», klagte alt Präsident Rolf Schweiger. Selbstmitleid ist kein politisches Heilmittel und Larmoyanz kein politisches Programm. Im Nachhinein lässt sich wohl die innere Verzweiflung des Rolf Schweiger ablesen.

Nach einer Wahlniederlage herrscht in jeder Partei depressive Stimmung. Besonders wenn, wie bei der FDP, die Niederlage historisches Ausmass hat und mit dem Verlust der bisherigen Vorherrschaft verbunden ist.

In der zu kurzen Amtszeit als Parteipräsident hat es Rolf Schweiger immerhin geschafft, die FDP hinter sich zu scharen. Das Wahldebakel führte weder zum parteiintern Hickhack noch zur Selbstzerfleischung. Der neue Vordermann schien so etwas wie Hoffnung und Zuversicht vermittelt zu haben.

Zweitens war es ihm gelungen, namenhafte Wirtschaftsbosse wieder hinter der FDP-Fahne zu versammeln. Also ‹Freunde› der Partei. Damit war die Befürchtung, «die Wirtschaft» laufe in corpore zur SVP über, vorerst mal widerlegt.

Drittens versuchte Schweiger, offensiv zu politisieren. Er hatte die drei anderen Bundesratsparteien öffentlich zu einem ‹Gipfeltreffen› eingeladen. Das am ‹eckigen Tisch›. Der sollte symbolisieren, wie sehr der politische Karren im Dreck stecke, den er, der neue Chef der Freisinnigen, herausziehen wolle. Die anderen sollten ihm dabei helfen. Damit hatte er den Bengel etwas zu hoch geworfen. Zumal Schweiger das eher biedere Zusammensein martialisch zur «letzten Chance» der politischen Vernunft hochstilisierte.

Das Ping-Pong zwischen SP und SVP über die freisinnigen Köpfe hinweg müsse aufhören, verlangte er. Bundesrat und Bundesratsparteien sollten zurück zum Konsens. Sei das nicht mehr möglich, müsse man «das System aufbrechen.» Nach den Wahlen 2007.

Schweigers Drohung war als Kampfansage an die SP zu verstehen. Mit einem rein bürgerlichen Bundesrat: «Das wäre die wahr-

scheinlichste Variante. Heute sind die Differenzen zwischen rechts und links die entscheidenden Parameter,» so Schweiger.
(NZZ am Sonntag, 15. 8. 2004)

Der alt Präsident beklagte, SVP und SP würden «vernünftige» Lösungen blockieren, würden die FDP ins Abseits stellen.
So einfach ist die Schuldfrage auch wieder nicht.

Der erfahrene Bundeshausjournalist Denis von Burg notiert dazu Folgendes:
«Die Blockadekraft von links und rechts ist unbestritten. Doch sie nährt sich zu einem guten Teil aus der Schwäche und Gespaltenheit der Mitte. Würden CVP und FDP nur einigermassen geschlossen und konsequent auftreten, wären starke und tragfähige Mehrheiten nach rechts und links möglich.» (Sonntags-Zeitung, 20. 6. 2004)

Die Idee, der Freisinn könnte sich an der SP rächen, in dem er mit dem SVP-Knüppel drohe, wäre für die FDP ein klassischer Bumerang. Ihre Zukunft kann nicht darin liegen, Juniorpartner der SVP sein zu wollen. Die Blocher-Partei ist der gefährlichste Konkurrent der Freisinnigen. Sie hat deren Vorherrschaft gebrochen. Stiegen nun die Freisinnigen sozusagen ‹zum Dank› auch noch ins SVP-Boot, würden sie ‹verblochert›. Dann bräuchte es ihre Partei nicht mehr.

Bei der FDP-Führungsriege hat es solche, die Sehnsucht nach der Selbstaufgabe spüren. Sie betrachten ihre Zukunft nur noch im Rückspiegel: Schulterschluss mit dem Feind. Marianne Kleiner dürfte nicht dazu gehören. Wie überhaupt die FDP-Frauen im Allgemeinen eigenständiger und selbstbewusster politisieren.

Es wird für die arg gebeutelte freisinnige Partei beinahe zur Schicksalsfrage, wer ins Präsidium aufrücken wird.

Schweiger selber hatte sich rückversichert. Ein Zusammengehen mit der SVP wollte auch er nicht um jeden Preis. Blocher sei ja nun Bundesrat, philosophierte der Zuger FDP-Vordermann, müsse also «vernünftiger» als bis anhin politisieren. Das wiederum werde die SVP verändern. «Wenn sich die SVP von der Gruppe Mörgeli-Fehr-Schlüer einmal distanziert und sich Leute wie Peter Spuhler oder Bruno Zuppiger durchsetzen, sehe ich Möglichkeiten.» (NZZ am Sonntag, 15.8.2004)

Rolf Schweiger spielte also mit dem Gedanken, die SVP sei nun eine ‹richtige› Bundesratspartei mit entsprechender Mitverantwortung. Ergo müsse sie ihren radikal-populistischen Rechtsaussenflügel über Bord werfen. Um eine brave bürgerliche Partei zu werden, mit der man zusammenarbeiten und auf die Linke verzichten könne.

Das ist wahrscheinlich ein Denkfehler. Schweiger überschätzte sich selbst und die Kraft seiner Partei. Und wieder schimmert die alte Arroganz durch von damals, als der Freisinn wirklich den politischen Tarif erklärt hatte. Da wurde die ideologische Standfestigkeit der SVP und ihr beträchtliches Störpotenzial unterschätzt. Die Blocher-Partei will und kann ihre Identität weder aufgeben noch mit freisinniger Farbe überstreichen. Vorläufig hat die SVP auch nicht im Sinn, ihr Profil auf dem Altar des Bundesrates zu opfern. Nicht sie müsse sich ändern, erklären ihre Strategen, sondern die anderen müssten dies tun. Der Hund sei schliesslich keine Katze.

Die FDP hat eine zu stolze Tradition, als dass sie sich ideologisch aufgeben und politisch den Anschluss suchen könnte.

Die SVP-Parteispitze hat im November 2004 beschlossen, nicht nur das Abkommen Schengen-Dublin mit der Europäischen Union zu bekämpfen, über das wir wohl im Juni 2005 abstimmen werden.

Neuerdings will die SVP die bilateralen Abkommen überhaupt nicht mehr akzeptieren. Das ist deshalb unverständlich, weil der bilaterale Weg eine Erfindung der SVP war. Sozusagen der Ausweg, um das Verhältnis mit ‹Brüssel› auf diese Weise zu gestalten. Nun will sich die SVP in der Sackgasse niederlassen.

Das ist für die FDP keine Perspektive.

Zumal der eigene Bundesrat Hans-Rudolf Merz gerade in der Schengenfrage dazugelernt hat. Er war als Ständerat noch dagegen, habe sich aber durch vertieftes Faktenstudium belehren lassen: «Schengen muss sein.»

Unternehmer reden vom Kerngeschäft. Vom Wichtigen also. Für die FDP ist das die Wirtschaftspolitik. Sie muss dort ihre Kompetenz wieder zurückgewinnen. Aber soziale Kompetenz gehört dazu. Zumal die FDP ja den Sozialminister in ihren Reihen hat.

Pascal Couchepin positioniert sich so: «Politik ist die Kunst des Möglichen. Man soll im Sozialen Bewährtes nicht ersetzen. Ausser man weiss: Neues ist besser. Da bin ich konservativ.» (Sonntags-Zeitung, 20.6.1999)

Die FDP befindet sich in einer gefährlichen Schieflage. Sie steht noch immer unter Schock. Nun ist zu allem Elend der neue Kapitän von Bord gegangen. Wieder einmal müssen die Freisinnigen neu anfangen. Das ist ein mühsames Geschäft.

Wer immer das Steuer übernehmen wird: Bis zu den nächsten Wahlen dürfte kaum mehr drin liegen, als vorerst mal den reduzierten Wähleranteil zu konsolidieren. Das heisst, den Abwärtstrend zu stoppen. Das wird schon schwer genug sein.

CVP

Die Schwarzen sind bleich geworden

In der politischen Farbenlehre sind die Sozialdemokraten die Roten. Und die von der CVP die Schwarzen.

Die CVP (Christlichdemokratische Volkspartei) kämpft ums Überleben.

Der frühere Generalsekretär der Partei, Hilmar Gernet, stellt eine brutale Prognose: «Es geht um Sein oder Nichtsein. Der Anspruch, Volkspartei zu sein, ist derzeit nur noch in einigen Kantonen einzulösen.» (NZZ, 9.1.2004)

Ein brillanter Kopf, der jurassische CVP-Regierungsrat Jean-François Roth, analysiert nicht minder schonungslos: «Die CVP ist krank. Sie braucht eine Therapie. Wer heute die CVP flottmachen will, muss die schweizerische Politlandschaft neu bauen und dort überhaupt wieder Platz für die CVP schaffen.» (Facts, 12/2001)

Jean-François Roth hatte für die Wahlen 03 einen weiteren Rechtsrutsch, das heisst SVP-Sieg, befürchtet. Dann müsse «die CVP zusammenpacken oder sich als Restposten in der Parteienlandschaft irgendwo neu positionieren.» Sollte sie das nicht schaffen, «wird sich die Wählerschaft nach links und rechts aufteilen.»

Vor 45 Jahren stellte die CVP ihre neue staatspolitische Kreation vor: die ‹Zauberformel›. Ausgedacht vom damaligen Generalsekretär Martin Rosenberg. Damit wurde die Machtbalance im Bundesrat neu austariert. Gegen heftigen Widerstand der Freisinnigen war die SP zurück ins Boot geholt worden, nachdem sie 1953 den Bundesrat verlassen hatte. Die drei grossen Parteien CVP, FDP, SP erhielten je zwei Sitze. Damit war die FDP als bürgerliche Mehrheitspartei geschwächt worden, was die Position der CVP stärkte. Denn nun stand sie zwischen der Rechten und Linken in der Mitte. Wer von ihnen mit der CVP zusammenspannte, war in der Mehrheit. Ohne die CVP lief deshalb kaum viel im Bundesrat .

Die CVP befand sich auf dem Höhepunkt der Macht. Sie beherrschte das Spiel ‹Figgi und Mühli› perfekt.

Davon ist wenig mehr übrig geblieben.

Der 10. Dezember 2003 wurde für die CVP ein Trauertag. Sie verlor ihren zweiten Sitz im Bundesrat und wurde zum Juniorpartner degradiert. Als halbe Portion mit Stimmbruch.

Nationalrätin Doris Leuthard ist die neue Lichtgestalt zur letzten Hoffnung. Sie soll den freien Fall der Partei aufhalten. Mit dem Kennwort ‹Aufbruch Schweiz› wird die alte Politik als neue verkauft.

Präsidentin Leuthard soll gelingen, woran vor ihr vier Männer im Präsidium gescheitert waren: die CVP zum Erfolg zurückführen.

Ihr Vorgänger, der Thurgauer Ständerat Philipp Stähelin, muss der Verzweiflung nahe gewesen sein. Anders war seine Klage nicht zu verstehen: «Es ist schwierig, selbstbewusst zu sein, wenn man seit zehn Jahren totgeschwiegen wird.» Er hätte sich fragen müssen, warum dem so ist.

Ein Werbeprofi gab mir mal einen guten Rat: «Ihr müsst Ereignisse schaffen!» Er hätte auch sagen können: «Ihr müsst einfach gute Politik machen.» Er hatte natürlich noch einen Satz beigefügt: «Wie soll ich die SP den Wählern anbieten, wenn ihr nichts einfällt. Wenn sie politisch überhaupt nicht präsent ist?»

Präsidentin Doris Leuthard ist zumindest kein politisches Mauerblümchen. Das ist schon etwas.

Ihr zur Seite stehen zwei Vize: Nationalrat Dominique de Buman, neu im Rat, daher bei uns noch unbekannt. Im Welschland jedoch hat er, als Syndic von Fribourg, einen guten Namen. Er deckt als Christlichsozialer die linke Flanke ab.

Der zweite Vize ist Ständerat Frick, Anwalt aus Einsiedeln. Der zugleich als Chefideologe der CVP immatrikuliert wurde.

Das Schwierige bei Bruno Frick ist, dass man nie so recht begreift, welche Ideologie er hat.

Ständerat Frick ist traumatisiert. Seit dem 6. Dezember 1992. Damals kämpfte er wacker gegen Christoph Blocher. Für das Ja zum EWR-Vertrag. Seither sind konservative CVP-Wähler in Scharen zur SVP übergelaufen. Und mit der schwarzen Vorherrschaft im Kanton Schwyz ist es vorbei.

«Die neue CVP müsste so süss sein wie Coca Cola.» Das ist zum Beispiel eine Metapher des Chefideologen. Was er uns damit sagen will, bleibt sein Geheimnis.

Bei den Wahlen im Herbst 03 verteilte die CVP Zahnbürstchen. Um ‹Biss› zu zeigen. Der Gag ging in die Hosen. Nun soll Coca Cola helfen. Nächstens wird es vielleicht heissen: «Persil wäscht schwarz weisser.»

Frick hat noch weitere Tricks auf Lager: «Die CVP-Fraktion im Parlament muss wie eine Fussballmannschaft spielen, die für ihre Überzeugung kämpft, stürmt und auch verlieren kann. Das gibt der Partei Profil.»

Wie wärs, wenn der Chefideologe gewinnen möchte?

Im neuen Partei-Manifest ‹Aufbruch Schweiz› werden 168 Forderungen aufgelistet. Ein Inventarverzeichnis? Oder ein Warenhauskatalog? Es müsste sich eigentlich auch in CVP-Kreisen herumgesprochen haben: Wer zu viel verspricht, zu viel fordert, verspielt zu viel Kredit. Das nehmen die Leute nicht ernst. Und kaum zur Kenntnis.

Seis drum:

Bruno Frick ist politisch flexibel.

Als Verteidigungsminister Samuel Schmid die allgemeine Wehrpflicht in Frage stellte, gab es Pfiffe. Die lautesten aus der eigenen Partei. Nur Bruno Frick fiel aus dem Rahmen. Er fand Schmids Vorschlag gut. Heute würden sowieso nur noch die ‹Braven oder die Idealisten› Militärdienst machen. Er hätte auch sagen können, die Dummen.

Das war aber eine Stellungnahme mit kurzem Verfalldatum.

36 Stunden später nämlich revozierte Frick. Er war nun dagegen, dafür zu sein.

Solches passiert auch anderen Politikern. Nur: Bei der CVP geschieht das zu häufig. Sie kann sich dieses Hüst und Hott schlicht nicht mehr leisten.

Chefideologe Frick könnte also für die Strahlefrau im Präsidium zum Sicherheitsrisiko werden.

Doch was nun? Wo soll sich die CVP positionieren? Der frühere CVP-Kurzzeitpräsident Adalbert Durrer startete einst im Mai zu verbalen Höhenflügen: «Wir besetzen die politische Mitte als zukunftsweisenden und realistischen politischen Standort.» Iwan Rickenbacher hingegen warnt: «Die Mitte ist eine Verlegenheitsposition.» Und Prof. Urs Altermatt meint, die Mitte sei «das Schicksal der CVP».

Gross ist das Gedränge in die politische Mitte. Die FDP kommt von rechts. Die SP übernimmt etwas von der linken Mitte. Und die CVP befindet sich offenbar in der Mitte dieser sagenhaften Mitte.

Heiner Geissler, der frühere Generalsekretär der CDU (die deutsche Verwandte der CVP), hat für seine schweizerischen Gesinnungsfreunde ein einfaches Rezept parat: «Klare Positionen führen zum Erfolg.» Entscheidend ist also nicht die Selbsteinschätzung. Entscheidend ist die Politik, die eine Partei macht.

Zu dieser klaren Position gehört für Heiner Geissler, die CVP dürfe nicht etwa «der verlängerte Arm des Kapitals sein.» Das heisst für ihn, die Politik müsse dominieren, nicht das Kapital. «Das Kapital darf die Menschen nicht beherrschen, es muss ihnen dienen.»

Da besteht für die CVP Nachholbedarf.

Das vom Stimmvolk am 16. Mai 2004 wuchtig verworfene Steuerpaket war von der CVP unterstützt worden. Und nicht nur das: Die CVP koordinierte die Abstimmungskampagne der Befürworter. Und liess sich von Economiesuisse bezahlen.

Was Heiner Geissler ausdrücklich ablehnt, hat die CVP-Parteiführung praktiziert: Messdiener des Kapitals.

Wenn das der ‹Aufbruch Schweiz› bleiben sollte, dann gute Nacht, CVP.

Diese Partei hat, wie andere auch, zwei Flügel: einen konservativen und einen christlichsozialen. Konservativ ist keineswegs gleichzusetzen mit reaktionär. Wertkonservative Politik will Bewährtes bewahren. Zum Beispiel den Sozialstaat. Den Service public. So gesehen sollte sich der CVP-Konservative vom SVP-Neoliberalen unterscheiden.

Die Christlichsozialen sind Teil der CVP. Etwas zu sehr eine Art Caritas. Mit wenig Einfluss in der Partei. Sie liefern den sozialen Mantel. Die einen tragen ihn bei Regen und Kälte. Andere nur beim Kirchgang.

In den städtischen Agglomerationen – wo eben mit konservativer Politik nach Nidwaldner oder Innerrhoder Muster wenig zu gewinnen ist – wurde das christlichsoziale Element der CVP vernachlässigt. Das kostete Stimmen.

Die CVP leidet an Doppelzüngigkeit. Bei der 11. AHV-Revision sagte sie Ja zum flexiblen Rentenalter ab 62. Gleichzeitig Nein zur sozialen Abfederung.

Ein Beispiel: Wenn ein Bauarbeiter mit 62 die AHV beziehen will, muss er 20,4 Prozent Rentenkürzung in Kauf nehmen. Das lebenslänglich. Das kann er sich nicht leisten. Also müsste für kleinere Einkommen die Kürzung sozialverträglich, das heisst geringer sein. Da war die CVP dagegen. SVP und FDP sowieso.

Im linksbürgerlichen Lager wäre also etwas zu holen. Wenn das soziale Gewissen die Politik wirklich prägt. Zum einen ist der Landesring weg. Er hatte noch das ‹soziale Kapital› vertreten. Zum anderen rutschte die FDP nach rechts. Da wäre Platz frei für die CVP. Aber den macht ihr nun die SP streitig. Mit einem deutlich sozialeren Profil.

Welche Prognose kann der CVP gestellt werden?

Vermutlich wird die neue Präsidentin vorerst eine Zeit lang idealisiert. An Medienpräsenz wird es nicht fehlen.

Ob sie dem Anspruch von Heiner Geissler genügen und klare Positionen einnehmen wird, muss sie erst noch beweisen.

Beim Steuerpaket für die Reichen hat sie wieder den typischen Opportunismus der CVP markiert. Genau jenen Opportunismus, der ihrem Kurs an der politischen Börse Verluste einbrachte.

Bevor die Präsidentin das breitere CVP-Publikum für sich gewinnen kann, wird sie sich in dieser typischen Männerpartei zuerst mal durchsetzen müssen. Zum Beispiel dahingehend, dass klar ist, wer am Steuer steht und wer zweiter Steuermann ist.

Doris Leuthards Stärke ist ihre vorläufige Unentbehrlichkeit. Wer sonst hätte das Präsidium übernehmen sollen? Männer haben sich keine gemeldet. Niemand wollte ins Rettungsboot steigen, um die Notoperation 2007 zu starten.

Wenn Hilmar Gernet sagt, es gehe um Sein oder Nichtsein, dann hat sich die Partei mit Doris Leuthartd für das Sein entschieden.

Das ist nicht die letzte Chance, wie parteieigene Auguren befürchten. So schlimm steht es nicht. Aber die zweitletzte ist es schon. Denn die Mitte ist ein gar flüchtiger Ort.

Oder, wie Eduard Mörike sagt:

«In der Mitte liegt holdes Bescheiden.»

SVP

Im Schatten von Blocher

Die SVP ist mit zwei Mann im Bundesrat vertreten. Das war ihr Ziel bei den Wahlen 2003.

Die SVP will ihre bisherige Politik fortsetzen. Auch ohne Blocher, das heisst mit Blocher im Bundesrat. Er soll die Partei nicht am Obstruktionskurs hindern.

SVP-Präsident Ueli Maurer bestätigt das recht unverfroren. Vor allem das Schengen-Abkommen mit der Europäischen Union (EU) betreffend.

Schengen bringt offene Grenzen, polizeiliche Zusammenarbeit und koordinierte Asylpolitik mit der EU. Die SVP hat dazu nein gesagt, bevor das Abkommen ausgehandelt worden war. Sie ist grundsätzlich gegen jede Öffnung in Richtung Brüssel.

Der Bundesrat hat im Sommer 2004 das Verhandlungsergebnis ausgiebig diskutiert und ihm mehrheitlich zugestimmt.

Blocher ist mit seinem Nein im Bundesrat unterlegen.

Er hätte sich dem Mehrheitsentscheid unterziehen müssen. Das hatte er auch vor seiner Wahl versprochen. «Ich werde das Kollegialitätssystem einhalten», erzählte er treuherzig dem Schweizer Volk. «Meine persönliche Meinung spielt dann keine Rolle mehr, sondern die Meinung des Bundesrates.»

Am 21. August 2004 referierte Bundesrat Blocher vor den Delegierten des SVP-Parteitages über das Schengen-Abkommen. Aber er vertrat den Standpunkt der Partei, nicht den des Bundesrates. «Ich werde keine Gründe vertreten, von denen ich nicht überzeugt bin. So weit geht das Kollegialprinzip nicht», versprach er den Delegierten, unter tosendem Beifall. Und dann redete er das Schengen-Abkommen in Grund und Boden. Die Delegierten folgten ihm und lehnten es mit 341:4 Stimmen ab.

So schamlos unkollegial hat noch kein Bundesrat die Mehrheitsmeinung der Landesregierung eingestampft. Blocher will beweisen, dass er auch als Bundesrat der alte Parteipolitiker, Polemiker und Populist geblieben ist. Das freut den Parteichef Ueli Maurer. Und auch er legt jegliche Hemmungen ab: «Parteipolitisch sind wir in einer klassischen Winwin-Situation. Wir können uns profilieren, ob wir beim Schengen-Abkommen gewinnen oder verlieren. Der SVP nützt es auf jeden Fall.» (Tages-Anzeiger, 28.6.2004)

Gute Politik ist für Maurer, was «der SVP nützt». Basta. Ob das dem Land schadet, scheint nicht von Belang zu sein. Die SVP will die Abstimmung über das Schengen-Abkommen gar nicht unbedingt gewinnen. Wichtig ist, dass die konservativen Wähler, die ein Nein erwarten, bei guter Laune gehalten werden. Das heisst, die SVP bedient ihre eigene Kundschaft. Die Landesinteressen werden von den anderen Parteien wahrgenommen. Auf die kann sich die SVP verlassen.

Eigene Parteiinteressen zu verfolgen ist durchaus legitim. Trotzdem, eine Partei ist kein Selbstzweck. Politik ist kein verbaler Schlagabtausch zum Gaudi des Publikums.

«In der Politik wird jeden Tag zwischen richtig und falsch entschieden», sagte der Philosoph Karl Popper. «Oft nur das am wenigsten Falsche.» Wahrscheinlich ist das für SVP-Ohren schöngeistiges Gerede, das nichts einbringt.

Nationalrat Ueli Maurer hat als SVP-Präsident Profil bekommen. Mehr als man ihm zugetraut hätte. Mit Blocher gab es eine Arbeitsteilung. Blocher war der Stratege. Maurer leistete Parteiarbeit. Er hat am laufenden Band Kantonalparteien und Sektionen gegründet. Die SVP ist heute professionell strukturiert und hat, im Gegensatz zur gesamten Konkurrenz, keine Geldsorgen. Sie ist finanzstark. Dafür sorgen potente Sponsoren. Das ist ein Wettbewerbsvorteil. Geld spielt bekanntlich dann keine Rolle, wenn man genug davon hat.

Nun hat Blocher den Führerstand in der Partei verlassen. Er hat als Parteichef so ziemlich alles erreicht, was möglich war. Er brauchte eine neue Herausforderung. Blocher möchte die Schweiz verändern. Er hat eingesehen, dass das aus der Opposition heraus unerreichbar ist. Die Möglichkeiten im Bundesrat sind grösser. Dort befinden sich die Schalthebel der politischen Macht. Das ist in jedem Land so. Die Regierung ist im politischen ‹Spiel› die stärkste Kraft. Deshalb wollte Christoph Blocher unbedingt Bundesrat werden. Das ist er nun. Und die SVP hat damit ihr Dilemma.

Die SVP hat ihre Erfolge als Protestpartei erreicht. Deshalb möchte sie das bleiben. Präsident Maurer verspricht geradezu beschwörend, die SVP werde auch in Zukunft, wo immer nötig, den Bundesrat bekämpfen, Blocher hin, Blocher her. Und der stellt die bange Frage: «Hat die Partei die Kraft, gegen den Bundesrat anzutreten? Oder fällt sie, bequem geworden, bald um?»

Der eigene Bundesrat sorgt sich, seine Partei könnte regierungstreu werden!

Bundesratsparteien müssen hie und da aus der Viererkolonne ausscheren. Sonst würde Politik unerträglich, dann würde ein Politkartell dominieren, wie es wollte. Keine andere Bundesratspartei aber interpretiert ihre Rolle so doppelzüngig wie die SVP. Was ihr nicht passt, wird bekämpft. Wo sie im Bundesrat unterliegt, macht sie nicht mit. Kompromisse sind nur dann gut, wenn sie SVP-lastig sind.

Seit die Partei mit Blocher und Schmid im Bundesrat vertreten ist, hat sie ihre Politik kaum geändert. Der Journalist Urs P. Engeler meint: «Die Regierungs-SVP weiss nicht, was sie mit ihrem Wahltriumph anfangen will.» Für die Partei mag das zutreffen. Für Blocher nicht.

Er hat einmal gesagt, in der Schweiz hätten wir ein Zweiparteiensystem: «Die SVP und verschiedene Schattierungen der Linken, angefangen bei der CVP, FDP bis zur SP.» Das alte Spiel: Die SVP gegen alle anderen oder alle gegen die SVP. Die Guten gegen die Schlechten, die Volksvertreter gegen die ‹Classe politique›, zu der sich die SVP ausdrücklich nicht zählt. Volksvertreter vertreten das Volk, die ‹Classe politique› vertritt den Staat. Und der Staat ist nach der SVP-Norm der Feind des Volkes.

«Der Staat in der Propaganda der Schweizerischen Volkspartei ist eine Art moderner Raubritter, der sich darauf kapriziert, dem hart arbeitenden Bürger den Lohn wegzunehmen», schrieb U.P. Engeler nieder. (Weltwoche, 12/03)

Die politische Auseinandersetzung dreht sich denn auch um den Staat. Um die Frage, wie viel oder wie wenig Staat? Was für einen Staat?

«Macht aus dem Staat Gurkensalat»

Wir reden vom Bundesstaat, vom Bund, wie die Kurzform heisst. Die Bürger erleben den Staat auch in der Gemeinde und im Kanton. Das sind zwei andere Ebenen.

Bürgerliche und Linke haben ein unterschiedliches Staatsverständnis. Unter den bürgerlichen Parteien differiert es nochmals. Deshalb reden wir von Rechts- und Linksbürgerlichen, von Konservativen und Liberalen. Wobei Neoliberale wiederum rechts aussen angesiedelt sind. Sie wollen so wenig Staat wie nur möglich. Eigentlich ist Blocher ein Neoliberaler. Er hat konzis formuliert, für welchen Staat er ist:

«Der Staat garantiert das Gemeinwohl am besten, wenn er seine Bürger machen lässt. Wo der Staat den Bürgern viel wegnimmt, geht es allen schlechter.» (Tages-Anzeiger, 11.2.2004)

In den skandinavischen Ländern – Dänemark, Finnland, Norwegen, Schweden – sind die Steuern im Schnitt wesentlich höher als bei uns. Der Staat nimmt also den Bürgern viel weg, um mit Blocher zu reden. Geht es deshalb «allen schlechter», wie er behauptet? Im Gegenteil, die soziale Sicherheit ist grösser. In Skandinavien spielt der Staat eine weitaus massgeblichere Rolle, als wir das kennen. Diese Länder sind punkto Lebensstandard, sozialer Absicherung, Wirtschaftserfolg oder Bildung europäische Spitze. Blocher lehnt dieses Modell ab. Kann er, soll er. Die Behauptung jedoch, viel Staat bedeute automatisch, dass es «allen schlechter geht», ist falsch. Nur darum geht es.

Eine höhere Steuerquote geht auf Kosten der Reichen. In Schweden zahlen die eben erheblich mehr Steuern als in der Schweiz. Das stört Blocher. Das lehnt er ab. Wer viel Geld hat, soll möglichst viel behalten können. Deshalb hat der populäre SP-Bundesrat Willi Ritschard immer gesagt: «Nur die Reichen können sich einen armen Staat leisten.»

Gelegentlich werden Blocher und seine SVP sich erklären müssen, weshalb sie ständig das Wohl der kleinen Leute vorgeben, im Grunde jedoch eine unsoziale Politik für die Begüterten praktizieren.

Bis jetzt hat die SVP nämlich ihre doppelte Buchhaltung mit der Asyl- und Ausländerpolitik übertüncht. ‹Asylanten› vor allem werden als die angeblich grösste Bedrohung für die Schweiz kriminalisiert. Bis jetzt ist es der SVP-Führung gelungen, damit ihre eigenen Blössen im gesellschafts- und sozialpolitischen Bereich zuzudecken.

Blössen haben es an sich, erkannt zu werden.

Bezeichnend für Blochers Solidar-Verständnis ist folgende Aussage: «Der Staat ist nicht für das Kinderkriegen verantwortlich. Wenn eine Frau zu arm ist, arbeiten muss und sich keine Krippe leisten kann, soll der Staat durch die Fürsorge eingreifen. Heute wird aber gefordert, dass alle ihre Kinder in staatlichen Krippen abgeben können. Andere sollen sie bezahlen – auch Kinderlose. Das ist sozialistische Umverteilung.» (Tages-Anzeiger, 11.2.2004)

Blocher ist ein Patriarch. Frauen arbeiten nur, wenn sie ‹arm› sind. Das stimmt schon bei seiner eigenen Tochter nicht. Drei Viertel aller Schweizer Frauen jedoch sind berufstätig. Das ist die gesellschaftliche Realität. Viele wären demnach dankbar, es gäbe Krippen und Tagesschulen. In den skandinavischen Ländern gehören sie wie selbstverständlich zum öffentlichen Standard. Kinder von berufstätigen Müttern sind dort versorgt. Und in den Tagesschulen werden Hausaufgaben gemeinsam gemacht. Wenn die Kinder heimkommen, haben sie frei. Viele Ausländerkinder bei uns, deren Eltern nicht gut genug Deutsch reden, wären froh darum.

Nicht von ungefähr steht Finnland bei der Pisa-Studie weit vor der Schweiz. Dort sind Tagesschulen die normalste Sache des Staates.

Statt von sozialistischer Umverteilung zu reden, sollte Blocher sich also zumindest bemühen, andere Modelle zu studieren.

Aber Blocher lässt sich nicht beeindrucken. Nach seinen ersten 100 Tagen als Bundesrat zog er Bilanz: «Wir haben zu viel Staat!»

In den achtziger Jahren gab es in Zürich und Basel heftige Jugendunruhen. Nach Meinung der SVP hätte die Polizei viel härter gegen die jugendlichen Demonstranten vorgehen müssen. Denn auf Transparenten war zu lesen gewesen: «Macht aus dem Staat Gurkensalat.» Der Spruch könnte von der SVP sein.

Ist die SVP eine Bundesratspartei?

Sicher ist sie eine Partei im Bundesrat. Gleichberechtigt mit FDP und SP mit je zwei Vertretern. Vor seiner Wahl hatte Blocher ja Kreide gefressen und alle (Schein-)Heiligen angerufen, wie kollegial er mit dem Kollegialsystem umgehen werde. Wer es glaubte, war selber schuld. Blocher ist kein Mannschaftsspieler. Sein Naturell ist das des Alleinherrschers. Das hat er nie versteckt. Nicht im eigenen Unternehmen, nicht in der Partei, nicht im Nationalrat. Allerdings hat er es gut verstanden, tüchtige Mitarbeiter für sich arbeiten zu lassen. Aber wie das bei allen so genannt starken Männern ist, hat er dominiert, und in der SVP derart, dass sie seinen Abgang in den Bundesrat nicht annähernd kompensieren kann.

Blocher ist ein Rechthaber, ein unbequemer Kollege. Auch im Bundesrat. Er rede an den Sitzungen, hört man, zu laut für den kleinen Raum. Die laute Stimme hat er mitgebracht. Leise war er nie.

SP-Bundesrat Hans-PeterTschudi hatte mal sein Erfolgsrezept verraten: «Du musst den anderen nicht dreinreden, dann lassen sie dich auch in Ruhe. So habe ich meine Geschäfte praktisch unverändert durchgebracht.» Da muss unglaublich viel Harmonie geherrscht haben. Die Hochkonjunktur schwemmte viel Geld in die Staatskasse. Viel Manna hat schon immer zur guten Laune beigetragen.

Seit Blocher mitredet, werde im Bundesrat – so pfeifen es die Spatzen vom Bundeshausdach – mehr über Sachfragen diskutiert, gestritten und abgestimmt. Das muss nicht nachteilig sein. Der Bundesrat ist ja als Gesamtbehörde für die Politik verantwortlich. Zu sehr hatte man beklagt, die Regierung bestehe aus sieben Departementsverwaltern statt aus sieben Politikern.

Das sind aber doch eher zweitrangige Fragen.

Hauptpunkt bleibt, ob die SVP die Herausforderung als Bundesratspartei verkraften will oder kann.

Dass sie gegen den Bundesrat, auch gegen den eigenen, antritt, ist nicht das Problem. Das tut die SP auch. Und in der Finanzpolitik scheute sich die FDP nie, gegen ihren eigenen Finanzminister zu stimmen. Gelegentliches Abweichen vom offiziellen Bundesratskurs ist keine Erfindung der SVP. Daher stellt sich nicht die Frage des Prinzips, sondern des Masses.

Wenn eine Bundesratspartei in landeswichtigen Fragen immer ausschert und wenn ihrem Vertreter in der Regierung das Kollegiale einfach schnurzegal ist, dann wird es unerträglich.

Der gut gemeinte Rat an den Bundespräsidenten 2004, also an Joseph Deiss, er müsse Blocher ‹stallen› und ihm Disziplin beibringen, ist für die Füchse, wie man am Stammtisch sagt. Blocher ist Blocher. Der lässt sich nicht erziehen. Da ist Hopfen und Malz verloren. Ein FDP-Nationalrat meinte gar, es sei mit ihm schlimmer, als er es sich je habe vorstellen können.

Christoph Blocher hat als Bundesrat zwei Optionen.

Wenn er weiterhin seinen Mythos pflegt, gerät er ins Abseits. Blocher bliebe der exotische, ungewöhnlicher Politiker. Als Bundesrat jedoch dienstuntauglich.

Besinnt sich Blocher auf seine unbestritten vorhandene unternehmerische Kompetenz, bekommt die SVP Probleme. Sie wäre dann eine ‹richtige› Bundesratspartei. Das würden nicht alle Anhänger goutieren.

Und die SVP? Die versucht den ‹dritten Weg›. Beides zu sein, Regierungs- und Protestpartei.

So wird sie scheitern.

Wie immer auch sich die SVP-Verantwortlichen entscheiden werden: Wenn sie neu statt mit Blocher nun formal gegen ihren Bundesrat Blocher Politik machen, tun sie es auf eigenes Risiko. Die SVP würde sich auf Dauer selber kaputt opponieren und mit ihrer eigenen Unfähigkeit als Bundesratspartei unglaubwürdig werden. Das heisst: Sie hat es in der Hand.

An sich ist das ein schmerzhafter Prozess. Er kostet das Land viel politische Geduld und auch Geld. Aber es musste sein. Stellen Sie sich vor, Blocher wäre am 10. Dezember 2003 nicht gewählt worden. Welch ein Glücksfall für die SVP! Sie hätte ihren Christoph wieder ganz für sich gehabt und er hätte noch hemmungsloser auf alles, was ihm im und rund um das Bundeshaus nicht gepasst hätte, dreingehauen. Das musste dem Land erspart werden. Blocher war das kleinere Übel. Er kann, wenn er will, ein grosser Bundesrat werden. Mit oder ohne SVP. Und er kann ebenso gut abstürzen.

Möglich, dass Blocher sich selber im Weg stehen wird. Nämlich dann, wenn er darauf beharrt, eine rein bürgerliche Rechtsregierung zu formieren. Das heisst: die SP aus dem Bundesrat zu kippen, beziehungsweise sie zu isolieren, bis sie freiwillig aufgibt. An sich ist das Blochers Strategie. Aber sie geht nur auf, wenn FDP und CVP mitmachen und sich der SVP ausliefern würden. Denn ohne SP wären sie in Geiselhaft der SVP.

Wie wird es weitergehen? Das ist schwer vorauszusagen. Blocher müsste einen Riesengump über seinen eigenen grossen Schatten machen, um einigermassen die Spielregeln des Bundesrates anzuerkennen. Unmöglich ist das nicht.

SP

Sie kämpft. Oft nur mit sich selbst

Auf die Frage, wie Sozialdemokratie eigentlich zu definieren sei, liefert der Österreicher Günther Nenning zwei interessante Antworten:

«Sozialdemokratie ist eine stark reduzierte Form von Sozialismus. Sie ist besser als jene ‹linke› Kombination von ungeheuer viel Sozialismus und ungeheuer wenig Leuten, die für so viel Sozialismus sind.»

Und:

«Sozialdemokratie ist jene Form von Sozialismus, die mit dem Klassenfeind zusammenarbeitet.»

Diese Auslegungen passen zur Sozialdemokratischen Partei der Schweiz wie nach Mass. Sie ist die einzige nationale Linkspartei der Schweiz. Die SP hat alle Konkurrenten, die sie links überholen wollten, überlebt. Die KP (die Kommunistische Partei), dann ihre Nachfolgerin PdA (die Partei der Arbeit), schliesslich die POCH (die Progressiven Organisationen der Schweiz). Die POCH hat sich aufgelöst, die PdA existiert noch in der Romandie, vorwiegend in den Kantonen Waadt und Genf.

Der Nationalrat ist die Volkskammer. Das, weil die 200 Nationalräte nach dem Proporz gewählt werden. Das heisst, anteilmässig nach der Stärke ihrer Partei. Verblüffend ist die Stabilität über Jahrzehnte hinweg. Die Zahl der SP-Nationalräte ist der Beweis:

1928	50 SP-Nationalräte
1959	51 SP-Nationalräte
2003	52 SP-Nationalräte

Dazwischen ging es auf und ab. 1975 war für die SP ein Rekordjahr: 56 Nationalräte. Mehr waren es nie. Die schlechtesten Jahrgänge waren 1919 und 1987: je 41 Nationalräte.

Die SP ist nicht nur die einzige Linkspartei, sie ist auch eine Minderheitspartei. Ihre drei bürgerlichen Konkurrenten CVP, FDP und SVP haben im Nationalrat zusammen 119 Sitze. Das Kräfteverhältnis ist völlig klar: 7:3 für die Bürgerlichen.

Die Erwartungen an die SP sind hoch. Höher als ihr Wähleranteil. Mir fällt immer wieder auf, wie Leute, die selber nicht einmal wählen gingen, von der SP erwarten, sie bestimme in ‹Bern› die politische Agenda.

In beiden Fällen ist es also heilsam, die Statistik zu konsultieren: 7:3 für die Bürgerlichen.

Es darf davon ausgegangen werden, dass die Machtverhältnisse im Bundeshaus sich nicht so bald ändern. Das helvetische System ist so angelegt, dass keine politischen Erdrutsche passieren.

Die Lust an der Niederlage

Die SP gehörte im Herbst 2003 ebenfalls zu den Wahlsiegern. Verglichen mit der SVP fielen die Mandatsgewinne allerdings bescheidener aus. Im Vergleich jedoch zu den Verlusten der CVP und FDP ist das Resultat der SP erstaunlich gut ausgefallen.

Willy Brandt hatte mich mal gefragt, ob es nicht entmutigend sei, nie eine Chance auf die Mehrheit zu haben. Ob denn Mandatsgewinne überhaupt etwas bewirkten, wollte er wissen.

Die SP kann gewinnen oder verlieren, eines ändert sich nicht – die bürgerliche Mehrheit. Sie ist nur ein bisschen grösser oder kleiner. Also sind Wahlresultate belanglos? Nein, sie wirken sich atmosphärisch aus. Hat die SP verloren, politisiert die Rechte härter, unnachgiebiger. Hat die SP gewonnen, werden die Bürgerlichen vorsichtiger und auch etwas nachsichtiger. Sie sind verunsichert und fragen sich, was sie falsch gemacht haben. Es ist wie an der Börse. Der Kurs fällt oder steigt.

Nach den letzten Wahlen hat sich die politische ‹Schlachtordnung› verschoben. SVP und SP bilden die beiden stärksten Gegenpole. FDP und CVP sind geschwächt und müssen aufpassen, in der Mitte nicht erdrückt zu werden. So gesehen scheint die Position der SP komfortabel zu sein.

Ist sie es wirklich?

Die SVP behandelt den Staat wie ein gerupftes Huhn. Das läuft den Interessen der SP zuwider. Spannen die drei bürgerlichen Parteien zusammen, hat die SP schlechte Karten. Sie braucht Partner. Die Grünen sind gesetzt, leider sind es zu wenige. Also bleiben CVP und FDP. Um koalitionsfähig zu sein, kann die SP nicht auf ihren Maximalforderungen beharren, denn darauf können weder Freisinnige noch Christdemokraten eingehen. Sonst geht die SVP bei deren Wählern auf Stimmenfang und behauptet, sie seien von der SP mit der ‹Röteln› angesteckt worden.

Die SP ist also in einer heiklen Situation. Kompromisse mit bürgerlichen Partnern sind ein Geben und Nehmen, ein Ringen zwischen Entgegenkommen und Festhalten. Das ist auch eine innerparteiliche Auseinandersetzung zwischen Hardlinern und Reformern. So kann die Machtprobe für die SP zum Ritt auf der Rasierklinge werden.

In der SP gibt es verschiedene Flügel, Strömungen, Tendenzen oder wie immer man die Meinungsvielfalt beschreiben will. Auch da gibt es Linke und Rechte. Die politische Kultur der Welschen ist anders als die der Deutschschweizer. Der gewerkschaftliche Flügel ist konservativer als der politische. Differenzen bestehen zwischen Traditionalisten und Modernisten, Dogmatikern und Pragmatikern. Jede Parteiführung versucht, die Einheit in der Vielfalt zu erreichen. Um nach aussen Geschlossenheit zu markieren. Das klappt mal besser, mal weniger. Aber eine linke Volkspartei ist nun mal keine Sekte von Gläubigen.

Eine alte ‹Liebe› der SP ist die schon fast masochistische Lust an der Niederlage. Grundsätze können wichtiger sein als halbe Siege. Klaus Harprecht, einstiger persönlicher Berater von Willy Brandt, sagt dem «die Lust an der Ohnmacht», das Verlieren aus Treue zur Überzeugung.

Linke diskutieren fürs Leben gern. Bei der SP heisst das innerparteiliche Demokratie. Die SP Schweiz ist nicht halb so straff organisiert wie zum Beispiel die SVP. Das ist gut so. In der SP hat es immer eine Minderheit gegeben, die den Begriff Fortschritt für sich gepachtet hat, die zu schnell andere Vorstellungen als Verrat am Sozialismus rundweg zurückweist. Diese Überzeugungstäter sind nicht einfach Rechthaber. Sie meinen es gut. Sie wollen das Beste für die Partei und ihre Ideale. Aber es gibt bekanntlich auch den Irrtum aus Überzeugung. Vertreten zum Beispiel durch Politiker, die lieber in der Minderheit die Mehrheit sind. Die dann, wie der ehemalige Fraktionspräsident Franco Cavalli, ziemlich schnell und ziemlich oft mit der Spaltung der Partei drohen. Das ist die Waffe der Minderheit, doch noch Recht zu bekommen.

Es wird gerne dramatisiert

Es gibt nicht nur die rechte Arroganz, sondern auch die linke Borniertheit.

Drei namhafte SP-Leute hatten über politische Perspektiven nachgedacht: Simonetta Sommaruga, Rudolf H. Strahm, Prof. Wolf Linder, alle aus Bern. Sie stellten ihre Ansichten als ‹Gurten-Manifest› öffentlich vor. Das war vor drei Jahren. Ketzerisches stand nicht drin, Revolutionäres oder Umwerfendes ebenfalls nicht. Ungewohntes? Ja, zum Beispiel über die Ausländerpolitik, heute Migrationspolitik genannt. Für Herz-Jesu-Sozialisten ist das kein Thema. Statt sich damit zu befassen, war sofort der Prügel ‹ausländerfeindlich› zur Hand.

Genossen, die sich zur Parteielite zählen, reagierten auf die Gedankenübung mit elitärer Ablehnung. Die Autoren des ‹Manifests› wurden gerüffelt, als ob sie ins bürgerliche Lager übergelaufen wären. Sie bleiben bis heute als ‹Scheissliberale› à la Schröder und Blair etikettiert. In der SP ist das kein Kompliment.

Ich meine, innerparteiliche Demokratie funktioniert anders. Es geht gar nicht darum, ob einem das ‹Gurten-Manifest› gefällt oder nicht. In einer sozial-demokratischen Partei werden Vorschläge diskutiert, werden Genossen, die sich die Mühe nehmen, über den Tag hinaus zu denken, mit Respekt behandelt. Die andere Meinung stellt die eigene auf den Prüfstand. Das ist die beste Denkschule für intellektuelles Stehvermögen. Die beste Methode herauszufinden, was die eigene Auffassung taugt. Der Andersdenkende macht sich nicht schon verdächtig, weil er anders denkt. Wir lernen und entwickeln uns nur weiter, wenn man uns in Frage stellt. Ideologische Empörung ist nicht hilfreich. Das erinnert an die Psychoanalyse. Man versteht sich hinterher nicht besser. Aber man weiss warum.

Das ‹Gurten-Manifest› illustriert eine Unart: Neues zu blockieren, statt zu diskutieren. Es nützt der Sache nichts, auch wenn das aus edelsten Absichten geschieht, einmal Erreichtes zu konservieren, koste es, was es wolle. Die SP hat doch immer gewusst, dass Veränderungen nur durch Veränderungen geschehen. Das absolute Festhalten am Status quo indes erschwert die Verhandlungsposition für die ‹soziale Landesverteidigung›, wie die Partei ihren politischen Auftrag so glänzend umschreibt.

Eine alte Erkenntnis ist: Je weiter rechts ein Bürgerlicher steht, desto mehr Linke sieht er. Das gilt wohl auch umgekehrt. Manchmal wird der Vorwurf, CVP und FDP seien nach rechts in den Schoss der SVP gerutscht, eher unbedacht erhoben. Wenn dem so wäre, stünde die SP isoliert im linken Abseits. Sie hätte keine Koalitionspartner. Und würde permanent in linker Schönheit ‹sterben›. Die Frage ist nicht, ob CVP und FDP bürgerliche Parteien sind und einen rechten Flügel haben. Sie sind es und haben ihn. Die Frage ist, mit wem die SP mehrheitsfähige Lösungen aushandeln kann.

Halten wir uns an das Konkrete. An die Abstimmung vom 26. September 2004 zum Beispiel. Abgestimmt wurde über den vierten Anlauf für eine Mutterschaftsversicherung und den zweiten über die erleichterte Einbürgerung von Secondos oder das Bürgerrecht für Ausländerkinder der dritten Generation. Die SVP lehnte alles ab. CVP und FDP stimmten zu, wie die SP. Das war beim UNO-Beitritt nicht anders, und wird beim Schengen-Abkommen gleich sein. In den für die Schweiz existenziell wichtigen Fragen hat es durchwegs die Koalition CVP–FDP–SP gegeben. Das sollte auch in Zukunft nicht unmöglich sein.

Ein Musterbeispiel geschickter Verhandlungstaktik ist, wie die Vorlage für eine Mutterschaftsversicherung zustande gekommen ist.

Nachdem bereits drei Anläufe vor dem Stimmvolk gescheitert waren, wollte die SP-Nationalrätin Jacqueline Fehr kein Risiko eingehen. Die kompetente Familienpolitikerin und Buchautorin hatte sich ein Modell ausgedacht, das endlich mehrheitsfähig werden sollte. Es gelang ihr, einen starken Verbündeten im bürgerlichen Lager von der Idee zu überzeugen: Pierre Triponez, Nationalrat der FDP und Direktor des Schweizerischen Gewerbeverbandes. Beide arbeiteten am letzten Schliff ihres nun gemeinsamen Vorschlages. Um vermehrte Unterstützung bei CVP- und FDP-Politikern zu bekommen, war es taktisch geschickt, Pierre Triponez als Erstunterzeichner ins Schaufenster zu stellen. So viel Bescheidenheit kann sich die SP natürlich in der Regel nicht leisten. Wie sagt man? Keine Regel ohne Ausnahme. Der Sache zuliebe.

Die Polarisierung zwischen SVP und SP mag ja spektakulär sein.

Und die SVP ist als Feind dieses Staates der wohl härteste Gegner der SP. Da muss es zum politischen Hosenlupf kommen, da muss die SP ihre Flagge zeigen. Nur genügt das nicht. Wenn es darum geht, lösungsorientiert zu politisieren, schmeckt die Wurst immer noch besser als kein Braten. Deshalb muss die SP subtil, überlegt und intelligent operieren.

Je linker sie fährt, desto mehr müssen CVP und FDP nach rechts ausweichen. Das ist leider so.

Frostschutz gegen soziale Kälte

Die grösste sozialdemokratische Errungenschaft ist der Sozialstaat. Ohne ihn wäre die neoliberale, wäre die kapitalistische Marktwirtschaft unerträglich.

Staatliche Sozialpolitik widerspricht im Prinzip zum Beispiel der freisinnigen Doktrin, nach der nur die Eigenverantwortung persönliche Freiheit verleiht. Oder wie es FDP-Vize-Nationalrat Ruedi Noser sagt: «Die Freisinnigen setzen sich dafür ein, dass jeder Mensch in diesem Land die Chance bekommt, sein Leben so zu gestalten, wie er will.» (NZZ, 14.1.2004)

Das ist nun wirklich politisches Blabla und hat mit der real existierenden helvetischen Wirklichkeit nichts zu tun. Eigenverantwortung ist nichts Verwerfliches, im Gegenteil. Aber um sie wahrnehmen zu können, braucht es bestimmte Voraussetzungen. Der Sozialstaat ist so eine. Die politische Rechte konnte ihn nicht verhindern. Also machte sie mit. Aber richtig lieb bekommen hat sie ihn nie, diesen Sozialstaat.

Sozialdemokratische Parteien sind wie die Gewerkschaften Selbsthilfeorganisationen. Sie sind aus der damaligen Not der Arbeiter entstanden. Die keine Rechte hatten, keinen Schutz bei Unfall und Krankheit, keine Altersvorsorge, keine Ferien, nichts. Nur der Staat hatte zögerlich, aber immerhin, Schutzmassnahmen erlassen, zum Beispiel der Kanton Glarus das erste Fabrikgesetz. Das war im vorletzten Jahrhundert. Der moderne Sozialstaat, wie wir ihn haben, wurde erst nach dem Zweiten Weltkrieg aufgebaut.

Die SP hat immer erklärt, ohne soziale Sicherheit gebe es keine persönliche Freiheit. Menschen, die keine Arbeit, kein Dach über dem Kopf haben, die in Armut und Elend leben, sind nicht frei. Sozialpolitik ist demnach Frostschutz gegen soziale Kälte.

Der Sozialstaat ist wieder ein Konfliktthema geworden. Rechtsbürgerliche behaupten, er sei in der heutigen Form in Zukunft nicht mehr finanzierbar. Die SP hält dagegen. Sozialabbau kommt für sie nicht in Frage. Sie wird mit Fakten konfrontiert werden, die zu werten und politisch zu beantworten sind.

Der Kampf um den Sozialstaat war hart, Generationen vor uns hatten dafür unvorstellbare Opfer gebracht. Was wir noch vor zwei Jahrzehnten nicht geglaubt hätten, betrifft die alte Herausforderung: Der Kampf um diesen Sozialstaat ist von neuem entbrannt.

Ich wiederhole die Fakten:

Die Gesellschaft hat sich verändert. Die Menschen werden älter und beziehen ihre Renten länger. Die Arbeitswelt wird brutaler: Leistungsschwächere werden aussortiert. 50-Jährige gehören zum alten Eisen. Junge können vergessen, eine Lebensstelle in der gleichen Firma zu bekommen. Bei den Arbeitsämtern melden sich inzwischen Informatiker und Kaderleute bis in die Direktion hinauf als arbeitslos. Die Zahl der psychisch angeschlagenen Menschen ist enorm angestiegen. Die Opfer der Wirtschaft sind die Patienten der Gesellschaft.

1983 hat ein offensichtlich kluger Mann namens Johano Strasser weit vorausgeschaut. In seinem Buch ‹Grenzen des Sozialstaats?› schrieb er:

> *Will die Sozialdemokratie sich nicht auf Dauer selbst das Grab schaufeln, darf sie nicht auf die Erlösung durch hohe ökonomische Wachstumsraten setzen, sondern muss endlich eine sozialpolitische Strategie entwickeln, die den neuen Bedingungen entspricht.* Und:

> *Finanzierungsschwierigkeiten des Sozialstaats sind nicht nur ein konjunkturelles Problem, sondern ein strukturelles.*

Johano Strasser gehört zu den Vordenkern in der SPD. Vordenker sind unbequeme Mahner, die man am liebsten überhört. Bis es plötzlich fünf nach zwölf ist. Der deutsche Bundeskanzler Gerhard Schröder zahlt dafür einen hohen politischen Preis. Die rotgrüne Regierung hat unter dem Stichwort ‹Agenda 2010› sozialpolitische Eingriffe beschlossen, die Johano Strasser in seinem Buch schon vor 20 Jahren zur Diskussion gestellt und für nötig befunden hatte. Die Schmerzen nach der verspäteten Reform, die Leistungsabbau bedeutet, werden umso grösser sein.

Schauen wir nach Schweden. Für Sozialdemokraten ist es das Vorzeigeland. Schweden ist sozialpolitisch europäische Spitze. Aber auch die schwedische Linksregierung musste vor drei Jahren handeln. Die Sozialleistungen wurden, allerdings von einem hohen Niveau aus, gekürzt, zugleich die Steuern für Mittel- und Oberschichten erhöht. Dieses Geld investierte der Staat in moderne öffentliche Einrichtungen und in die soziale Infrastruktur. Er bemühte sich um eine Opfersymmetrie. Die wird bei den betroffenen Menschen in Deutschland vermisst.

Die Beispiele könnten fortgesetzt werden. Es gibt kaum ein Land in Europa, das beim Sozialstaat nicht Korrekturen vornimmt. Das heisst, eine statische Sozialpolitik ist, aus welchen Gründen auch immer, nicht mehr durchzuhalten.

Wir haben in der Schweiz grundsätzlich ähnliche Probleme wie andere Länder. Im Bundeshaushalt bilden die Sozialausgaben mit Abstand den grössten Posten.
Und trotzdem ist die Sozialbilanz 2004, wie sie im Jahresbericht der Caritas Schweiz gezogen wird, niederschmetternd:

> *Die ganze ärmere Hälfte der schweizerischen Gesellschaft muss zu den Verlierern der langen Wirtschaftskrise zwischen 1991 und 1998 gerechnet werden. Die Lage der Armutsbevölkerung hat sich massiv verschlechtert, aber auch der Lebensstandard*

der unteren Mittelschicht ist markant gesunken. Das Risiko zu verarmen droht einer immer grösseren Zahl von Haushalten und ist nicht mehr nur auf die unterste Schicht der Gesellschaft beschränkt. Die obere Mittelschicht konnte ihre gesellschaftliche Position in etwa halten. Einzig die Oberschicht konnte ihr verfügbares Einkommen steigern. Damit hat sich die faktische Ungleichheit in der Schweiz deutlich verstärkt.

Stellen wir uns vor, was im Bericht von Caritas Schweiz stünde, gäbe es den Sozialstaat nicht! Alarmierend ist, dass sich die «Ungleichheit in der Schweiz deutlich verstärkt hat», obschon es ihn gibt, obschon bürgerliche Politiker behaupten, wir hätten schon zu viel Sozialstaat.

Die alles entscheidende Frage ist: Wie sozial ist eigentlich der Sozialstaat?

Darüber sollten wir Linke vermehrt nachdenken. Es drängen sich Fragen auf, die Antworten verlangen. Warum geht die Schere zwischen unten und oben immer weiter auseinander? Warum hat in den letzten Jahren die Zahl der Armen und ‹Working Poor› dermassen stark zugenommen? Warum können Kinder überhaupt ein Armutsrisiko werden? Warum findet fortwährend eine Umverteilung von unten nach oben statt und nicht umgekehrt? Warum ist es mit Sozialpolitik nicht gelungen, diese Trends zu stoppen oder gar umzukehren? Warum, warum?

In der Politik bilden AHV, Krankenkassenbeiträge oder 2. Säule Schwerpunktthemen. Kann es sein, dass zu wenig vernetzt, zu wenig in Zusammenhängen nachgedacht wird? Dass die Politik stets mit den gerade brennendsten Fragen ausgelastet ist?

Die von Johano Strasser geforderte ‹sozialpolitische Strategie› ist durchaus auch ein Fingerzeig für die SP Schweiz. Ich glaube, es genügt nicht mehr, einfach jeden Zentimeter des Sozialstaats zu verteidigen und Erreichtes à tout prix zu konservieren. Die aus dem Caritas-Bericht zitierte Sozialbilanz ist nicht gut genug, um einfach den Status quo zu halten und im Übrigen so wie bisher weitermachen zu wollen.

Es geht nicht um Details, dafür hat die politische und gewerkschaftliche Linke jede Menge Fachleute. Es geht darum, uns selber kritischer zu hinterfragen und auch Sozialpolitik auf den Prüfstand zu stellen.

Der Kopfstand im Sand

Für soziale Sicherheit sind Sozialdemokraten absolute Spezialisten. Bei der öffentlichen Sicherheit auf der Strasse, in der Bahn, nachts auf dem Heimweg oder wo immer ist ihr Interesse merkwürdig beschränkt. Die Präsidentin der SP-Fraktion, Nationalrätin Hildegard Fässler, meint sogar, öffentliche Sicherheit sei «keine prioritäre Aufgabe für uns.»

Das ist schon eine erstaunliche Aussage. Damit steht die SP so ziemlich allein da.

Ich meine, für die Menschen sei das Thema durchaus nicht nebensächlich. Gut, wer an der Goldküste oder in Villenvierteln wohnt, hat kaum Sicherheitsprobleme. Nötigenfalls werden private Sicherheitsdienste zusätzlich zur Polizei finanziert. Wer aber im Kleinbasler Matthäusquartier lebt, hat andere Rahmenbedingungen.

Dort leben 16 000 Menschen. Davon sind 51 Prozent Ausländer aus über 80 verschiedenen Nationalitäten. Das sind die offiziellen Zahlen. In den Städten tauchen die illegal hier lebenden Ausländer unter. Asylsuchende zum Beispiel, denen jede Sozialhilfe gestrichen wird. Das ist innenpolitischer Sprengstoff und schafft automatisch Probleme mit der öffentlichen Sicherheit.

Die SP Basel-Stadt hat diese Thematik aufgearbeitet, mit Erfolg, wie die Wahlen vom 24. Oktober 2004 zeigten.

Die Scheu der SP, solche Fragen aufzunehmen, könnte mit einem früher berechtigt gewesenen Trauma zusammenhängen: Mit Polizei ist immer auch Polizeistaat verbunden worden. Die Polizei war lange genug ein Gegner der Arbeiterklasse. Das allerdings in der Steinzeit der Arbeiterbewegung.

Als 1935 in Basel die ‹rote› Mehrheit im Regierungsrat feststand, versah der sozialdemokratische Vorsteher des Polizeidepartements, er hiess Fritz Brechbühl, die früher gefürchtete ‹Knüppelpolizei› mit einem neuen Auftrag: «Die Polizei, dein Freund und Helfer.» Das ist sie heute erst recht.

Die Polizei fällt in die kantonale Zuständigkeit. Fachleute sind sich einig, dass die Polizeikorps unterdotiert sind. Gesamthaft fehlen in der Schweiz 1000 Polizisten, haben die einen ausgerechnet, 1600 sagen andere.

Die meisten kantonalen Polizeiminister haben ein bürgerliches Parteibuch. Es erstaunt daher, dass die Hüter der öffentlichen Sicherheit dermassen zahlreich dem Rotstift zum Opfer fallen. Dass Sparen wichtiger ist als genügend Polizisten. Halt, so die Einsprache von rechts, die Armee könne für die Polizei einspringen, um die öffentliche Sicherheit zu gewährleisten.

Spätestens jetzt muss ein Sozialdemokrat hellhörig werden. Armee statt Polizei, ist das die Lösung? Wollen wir das wirklich?

Die Armee leidet unter Arbeitsmangel. Der Chef der Armee, Korpskommandant Christophe Keckeis, hat viel zu viel Personal und zu wenig Einsatzmöglichkeiten. Er wäre froh für jede Anfrage und sofort bereit, den Kantonen polizeilich unter die Arme zu greifen. Die kantonalen Finanzdirektoren würden vor Freude einen Luftsprung machen und happy sein, weil Soldaten viel billiger sind als fest angestellte Polizisten. Alles in Butter also?

Nein, die Militarisierung der öffentlichen Sicherheit kann für eine Demokratie keine Lösung sein. Die SP sollte aufwachen. Öffentliche Sicherheit ist für sie durchaus ein Thema.

Widersprüche bei der EU-Politik

Die SP Schweiz hat den Beitritt zur Europäischen Union, zur EU, seit je befürwortet. Das hatten vor zehn Jahren FDP und CVP auch getan. Bis die Blocher-Dampfwalze ihnen die Sicht auf Brüssel vergällte. Seither betreiben sie parteipolitische Schadensbegrenzung. Die Beitrittsfrage wird entschärft und auf das nächste Jahrzehnt verschoben. Im Moment sei sie nicht aktuell, erklären die Pressesprecher.

Die SP hingegen bleibt auf EU-Kurs. Zwar hat der Bundesrat in direkten Verhandlungen mit der EU, offiziell als Bilaterale I und Bilaterale II klassiert, brauchbare Lösungen gefunden. Wobei zu den Bilateralen II das Schengen-Abkommen gehört, mit dem die Grenzen geöffnet sowie polizeiliche Zusammenarbeit und koordinierte Asylpolitik geregelt werden; darüber werden wir 2005 noch abstimmen.

Für die SP ist der heutige Zustand dennoch unbefriedigend. Zu oft muss die Schweiz EU-Recht übernehmen, ohne mitreden oder gar mitentscheiden zu können. Diese Übernahme von EU-Recht heisst zwar im amtlichen Bundeshausjargon ‹autonomer Nachvollzug›. Von autonom jedoch keine Spur Die Schweiz muss mitmachen, sie ist zu klein, um gegen 25 EU-Staaten anzutreten.

Die SVP indessen heroisiert den europäischen Alleingang der Schweiz in den patriotischsten Farben. Damit wahre sie ihre Freiheit, ihre Unabhängigkeit und ihre Neutralität, gibt sie sich überzeugt. Sie macht uns etwas vor. Die Schweiz hat mit der EU schon lange ‹ein Verhältnis›. Es fehlt nur der Trauschein.

Die SP ist deshalb mit dem Ja zum Beitritt konsequent, aber nicht ohne Widerspruch. Bei diesem hat sie Peter Glotz, Professor an der Hochschule St. Gallen, früher mal Generalsekretär der SPD und Bildungssenator in Berlin, erwischt. Der deutsche Sozialdemokrat wundert sich über seine Schweizer Genossen:

> *EU-Europäer können nur staunen, wie leidenschaftlich dieselbe Schweizer Linke, die jede Liberalisierung von Post, Telekommunikation und Strommarkt als Teufelszeug verdammt, für einen raschen EU-Beitritt plädiert. In diesen Fragen ist die EU-Kommission nämlich durchaus das, was Gewerkschaftschef Paul Rechsteiner für ‹neoliberal› hält. Realistische Begleitung eines schwierigen Prozesses ist gefragt, nicht Hurra-Patriotismus oder Hurra-Europäismus.* (Sonntags-Blick, 25.4.2004)

Peter Glotz hat natürlich Recht. Die Politik der SP Schweiz passt zu der von der EU oft wie die Faust aufs Auge. SP-Nationalrätin Susanne Leutenegger, die für die Fraktion Wirtschaftssprecherin ist, wischte dies, als sie auf diesen Widerspruch angesprochen wurde, mit der saloppen Bemerkung unter den Tisch, man müsse ja nicht «jeden Blödsinn» der EU mitmachen. Ende der Durchsage.

Die SP ist selbstverständlich für den EU-Beitritt. Das mit Herz und Verstand, aus voller Überzeugung, die europäische Weite zu suchen und nicht im geistigen Reduit zu schmoren. Aber sie muss einiges aufarbeiten, muss ihren eigenen Mitgliedern und Anhängern klaren Wein einschenken, muss darauf aufmerksam machen, dass es bei keinem Vertrag nur Vorteile und auch nicht den Fünfer und das Weggli gibt.

Weil Sozialdemokraten keine Krämerseelen sind, wird das die SP schaffen. Aber sie muss es wollen und auch tun. Sonst könnte es mit dem linken Fussvolk eine böse Überraschung absetzen.

Vom ‹Kaputtsparen› und so

Die ‹Neue Zürcher Zeitung› hat zu Recht beklagt, im Bundeshaus werde Politik nur noch auf das Sparen reduziert. Von SP-Seite wurde noch ein Zacken zugelegt und vom ‹Kaputtsparen› geredet.

Der Staat soll mit den Steuergeldern sparsam umgehen, ist die vorherrschende Meinung. Das gilt für Gemeinden, Kantone und den Bund. Viele Bürger sind skeptisch. Statt das Geld sparsam auszugeben, werde es verschwendet. Deshalb hat das Volk für das Sparen ein offenes Ohr. Sparen ist populär. Erst wenn es einen selber trifft, sieht die Schweiz düster aus.

Die SP steht im Ruf, eine Steuerhochhaltungspartei zu sein. Die bürgerliche Konkurrenz bemüht sich liebevoll, ihr dieses Image zu verpassen. Sie hält der Linken vor, Sparen ganz klein und Mehrausgaben ganz gross zu schreiben. Mit höheren Steuern.

Ein paar Fakten können nicht schaden.

Der Bund hat sich in den letzten 20 Jahren immer mehr verschuldet. Mitte 2004 soll der Schuldenberg 123,7 Milliarden Franken hoch sein. Verbale Bekenntnisse, er müsse abgebaut werden, werden auf dem Politmarkt zu Discountpreisen angeboten. Faktisch jedoch ist das im Bundeshaus kein Thema.

Offenbar wird davon ausgegangen, die Schweiz sei reich genug, um sich Schulden zu leisten. Herr und Frau Schweizer begreifen das nicht, denn sie könnten, sagen sie, auch nicht mehr ausgeben als einnehmen. Aber beim Staatshaushalt ist das halt anders. Das Problem ist nicht so sehr, dass Schulden gemacht, sondern dass sie nie amortisiert werden. US-Präsident Bill Clinton hat den Schuldenberg aus der Ära von Präsident Ronald Reagan stark abgebaut. Sein Nachfolger George W. Bush machte das Gegenteil. Er schenkte den Superreichen die Steuern und verschuldet den Staat.

Robert Reich, er war unter Bill Clinton Arbeitsminister, berichtet: «Die Reichen haben die Art und Weise, wie der Staat finanziert wird, zu ihren Gunsten geändert. Früher zahlten sie Steuern, heute geben sie dem Staat Kredite und erhalten dafür Zinsen.» Schulden müssen verzinst werden. Der Bund lebt auf Pump. Also muss er Geld aufnehmen. Wer gibt es ihm? Jene, die genug davon haben. Sie kassieren dafür die Zinsen. Immerhin, so schlimm wie in den USA ist es bei uns noch nicht. Als Otto Stich im Januar 1984 seinen Dienst als Finanzminister der Eidgenossenschaft antrat, hatte der Bund Ausgaben für 21,6 Milliarden budgetiert. Bundesrat Hans-Rudolf Merz rechnet im Jahr 2008 mit 57 Milliarden Franken. Von wegen ‹Kaputtsparen›.

Dieser Vorwurf wird mit etwas gar leichter Hand erhoben. Nicht nur die Bauern, auch die Linken können gut jammern. Sie tun das prophylaktisch. Und das recht erfolgreich, wie die Zahlen beweisen.

Wenn Sparen bedeutet, wirklich Unnötiges zu streichen, muss aber auch Unverzichtbares entsprechend finanziert werden. Dabei die richtige Balance zu finden, gehört zur Aufgabe jeder Bundesratspartei. Davor darf sich auch die SP nicht drücken. Das gehört zu ihrer Mitverantwortung. Denn sie braucht, ich kann das nicht genug unterstreichen, Koalitionspartner, um das wirkliche ‹Kaputtsparen› abzublocken. Das ist die Herausforderung, die auf den neuen Präsidenten Hans-Jürg Fehr wartet.

Die SP braucht Utopien

Die SP und die vielen Frauen und Männer, die für sie in den Gemeinden, Kantonen und im Bund politische Arbeit verrichten, werden meist von der Tagespolitik absorbiert und manchmal auch fast aufgefressen.

Erich Fromm sagt: «Jeder Schritt ist von Bedeutung, wenn die Richtung stimmt.» Das ist wie ein Kompass. Es muss das ständige Bemühen sein, Politik in einen Zusammenhang zu stellen, bei jedem Schritt das Ende und die Auswirkungen zu bedenken, damit eben die Richtung stimmt.

Linke haben noch Träume, brauchen Perspektiven, wollen ‹die Welt› verbessern. Darüber wird ständig debattiert, in kleineren und grösseren Gremien, dazu haben kluge Leute viel publiziert. Es wäre ein Leichtes, von namhaften Autoren Gedrucktes zu zitieren. Mich reizt es, auf den populären, leider früh verstorbenen Willi Ritschard zurückzugreifen. Er war der erste und bisher einzige Arbeiter im Bundesrat, und Ritschard hat wie kaum ein anderer Politiker mit seinen Reden die Menschen erreicht, ihre Herzen angesprochen. Sie verstanden und liebten ihn.

Willi Ritschard war Monteur. Und ein Philosoph. Nur dass er seine Gedanken mit einfachen, träfen Worten weitergab. Ein typischer Ritschard-Satz war zum Beispiel: «Die Schweizer stehen früh auf, aber sie erwachen spät.»

In seiner 1. Maiansprache 1982 in Olten nahm er uns auf einen Abstecher nach Utopia mit:

Ist es verwunderlich, wenn junge Leute, die auch in 20 oder 30 Jahren noch menschenwürdig leben möchten, nach einer anderen Gesellschaftsordnung rufen? Nach einer Gesellschaft, in der nicht Technokraten und blosses Profitstreben darüber bestimmen, wie wir zu leben haben.

Dass sie nicht in einer Welt leben möchten, wo Tausende von Pflanzen und Tieren vom Aussterben bedroht sind; wo unsere Kinder nur noch aus dem Bilderbuch erfahren, wie ein Maikäfer oder ein Sommervogel aussieht. Meine, die ältere Generation, muss das sehen. Der Spiegel ist besser als ein Haufen schöner Ahnenbilder, und die Wahrheit ist immer etwas unverschämt. Wir sollten nicht zu leicht über Utopien spotten. Utopien sind Hoffnungen auf eine bessere Welt. Und ohne Hoffnungen kann der Mensch nicht leben. Utopien sind die Realität von morgen.

Parteien im ‹Spendensumpf›

Von Basel und Solothurn aus hat sich im Sommer 2004 viel politische Aufregung über die Schweiz verbreitet. Die Medien rissen sich um die Spendenstory von Anita Fetz und Roberto Zanetti.

Beide haben für ihre Wahl Spenden bekommen und sie nicht zurückgewiesen. Beide waren Mitglied der in Solothurn eingetragenen Stiftung Pro Facile, die Projekte für Behinderte, Kultur und Sport zu fördern vorgibt. Beide hatten vom Geschäftsführer Peter Ammann private, über eine andere Firma verbuchte Spenden bekommen.

Anita Fetz 30 000 Franken, Roberto Zanetti 20 000 Franken, später nochmals so viel, wobei die zweite Tranche von Gewerblern gestiftet und von Peter Ammann eingesammelt wurde.

Beide, Anita Fetz und Roberto Zanetti, hatten von sich aus die Spenden des Peter Ammann publik gemacht und waren aus dem Stiftungsrat Pro Facile zurückgetreten. Zugleich hatten sie die Aufsichtsbehörde des Bundes eingeschaltet, weil sie nicht ganz ausschliessen mochten, es könnte nicht alles mit rechten Dingen zugegangen sein.

Im Stiftungsrat Pro Facile sass auch der Basler Financier Dieter Behring, der ebenfalls im Unterstützungskomitee für Anita Fetz mitmachte und mit seiner Frau Ruth 25 000 Franken eingezahlt hat. Dieter Behring verliess den Stiftungsrat Pro Facile gemeinsam mit den beiden Politikern.

Mögliche Ungereimtheiten bei der Stiftung Pro Facile, verbunden mit Spenden an zwei SP-Politikern und deren Rolle in der Stiftung – das war der Stoff für das Sommerloch, so genannt, weil da die Politik ruht und im Bundeshaus entsetzliche Flaute herrscht.

Zur Stiftung Pro Facile sei kein Wort mehr erwähnt. Die Aufsichtsbehörde wird bei Gelegenheit berichten, wie es um sie steht.

Die Ständerätin habe, so die Schlagzeilen, ein «zerfetztes Image», versinke «im Spendensumpf» und übe ein «Skandal-Mandat» aus. Der bisherige Darling der Medien wurde erbarmungslos durch den Wolf gedreht.

Roberto Zanetti ist eine solothurnische Berühmtheit. Er wird anfangs 2005 seine erste Amtsperiode als Regierungsrat hinter sich haben. Ihm war es gelungen, der SP den zweiten Sitz zurückzuholen. Für bestimmte Kreise kein Grund, ihm dankbar zu sein.

Zanetti war nur vier Jahre im Nationalrat und verzichtete 2003 auf eine Wiederwahl. Der Betrieb im Bundeshaus passte ihm nicht, zudem beklagte er erst noch Kälte in der eigenen Fraktion.

Seine politische Meisterprüfung bestand Roberto als Gemeindepräsident von Gerlafingen, ein Von-Roll-Dorf. Die Stahlfirma ist für Gerlafingen das, was die Chemie für Basel.

Von Roll hat schon einige Krisenzeiten überstanden. Als es einmal ganz bös um die Firma stand, mobilisierte Zanetti als Gemeindepräsident alles, um der Firma helfen zu können. Verwaltungsratspräsident Robert Jeker machte mit.

«Weisst du», hat mir Zanetti damals berichtet, «es war schon nicht selbstverständlich, dass Jeker mit mir in die Betriebe ging, mit den Büezern redete, sich informierte und offenbar überzeugt wurde, dass Von Roll in Gerlafingen bleiben müsse. Er hat viel für den Standort Gerlafingen getan. Ich weiss nicht, ob es ohne ihn Von Roll bei uns noch gäbe.»

Zanetti spielte seine Rolle herunter. Das passt zu ihm. Er ist bescheiden, zuverlässig, glaubwürdig wie kaum ein anderer Politiker, ganz ohne Bonzenallüren. In Geldfragen ist er kein Buchhaltertyp. Meine Grossmutter hätte gesagt: «Ein liebenswürdiger Schlufi.» Das ist einer, der nicht seinen Vorteil wahrnimmt, der hat, was er bekommt, und ausgibt, was er hat. Oft eher für andere.

Nun zum Grundsätzlichen. Sind Geldspenden in der Politik an sich anrüchig? Sollen Spenden offen gelegt werden?

Bundesrat Moritz Leuenberger hat wieder einmal die gescheiteste Antwort gegeben: «Dass ein Wahlkampf von anderen finanziert wird, ist richtig – sonst könnten sich nur noch Reiche eine Kandidatur leisten.»

Die Schweiz ist einer der wenigen Staaten, wenn nicht der einzige in Europa, ohne staatliche Parteienfinanzierung. In den meisten Ländern müssen die Parteien nur die Wahlen finanzieren, und dafür kommt erst noch die öffentliche Hand auf.

In der Schweiz bestreiten die Parteien im Schnitt alle drei Monate Sachabstimmungen. Die kosten Geld. Die Politik muss sich ohne öffentliche finanzielle Unterstützung zurechtfinden. Die direkte Demokratie ist teuer.

Mit den Mitgliederbeiträgen kann keine Partei überleben.

Ein kleines Beispiel: Die SP Basel-Stadt nimmt im Jahr knapp 500 000 Franken ein, davon an Mitgliederbeiträgen knapp 13 000 Franken. Das reicht höchstens für die Portokasse. Der ‹Rest› sind Abgaben der Mandatäre, Parteisteuern und Beiträge von Sympathisanten.

Die SVP ist die reichste Partei. Neben Christoph Blocher und Toyota-Importeur Walter Frey wird die Partei von einem halben Dutzend potenter Geldgeber gesponsert. Die SVP verfügt über grosszügige Mittel.

Der Freisinn wurde während Jahrzehnten von der Wirtschaft ausgehalten, konkret von der ‹Wirtschaftsförderung›. Das war die zuständige Abteilung für Finanzen und Politik, ein Organ des Schweizerischen Handels- und Industrievereins, heute Economiesuisse.

Fritz Honegger war in den siebziger Jahren Präsident der FDP Schweiz. Der erklärte mir einmal freimütig: «Glaubst du, wir haben Geld für Sachabstimmungen? Die Kampagnen werden von der ‹Wirtschaftsförderung› geführt und finanziert. Ich bin froh, wenn wir alle vier Jahre für die Wahlen Geld haben.»

Bei den Freisinnigen haben immer auch die einzelnen Kandidaten Spenden gesammelt.

Schon vor 25 Jahren kostete der Einstieg in die nationale Politik für einen Zürcher FDP-Kandidaten 150 000 Franken oder mehr, wie mir Ulrich Bremi mal seine Rechnung erklärt hatte.

Das Zuckerpapier beim Freisinn hat abgeschlagen. Zurzeit kann die FDP punkto Finanzen mit der SVP nicht Schritt halten.

Der Landesring der Unabhängigen (LdU) war von der Migros finanziert worden. Als er im Bundeshaus mit zunehmend weniger Abgeordneten einrückte, drehte die Migros den Geldhahn zu. Das überlebte der Landesring kein Jahr lang.

Fassen wir zusammen: Private Sponsoren für Parteien und deren Vertreter sind seit Jahrzehnten die normalste Sache der Schweiz.

Seit nun auch SP-Kandidaten Spenden bekommen, und das nicht knapp, soll das plötzlich anders, ganz anders sein! Da werden tiefgründige Überlegungen angestellt, wird teils von einem Skandal geschrieben, geraten Spenden auf einmal in Verruf. Über Spenden an die CVP, FDP und SVP sind in den letzten Jahren nicht halb so viele Publikationen erschienen wie über die Wahlspenden an das Unterstützungskomitee für Anita Fetz und an Roberto Zanetti.

Zum ‹Fall› Anita Fetz. Sie kandidierte im Herbst 2003 für den Ständerat. Die SP ist dort seit 1967 vertreten, das en suite. Es ist daher für die bürgerlichen Parteien traditionell schwierig, Erfolgschancen zu haben.

Diesmal hatten die Bürgerlichen gehofft, die SP-Vorherrschaft durchbrechen zu können. Sie gingen wie selbstverständlich davon aus, der populäre freisinnige Polizeivorsteher, Regierungsrat Jörg Schild, werde kandidieren. Das war für die FDP, LDP (Liberale) und DSP so klar wie der Rhein abwärts fliesst.

Regierungsrat Schild hatte zwar rechtzeitig abgewinkt. Aber die Parteichefs glaubten ihm nicht. Ständerat zu werden müsse doch für Schild, der schon als Bundesrat gehandelt worden war, absolut das Höchste sein. Was sie übersehen hatten: Erstens ist Schild nicht halb so ehrgeizig wie seine Souffleure, zweitens mochte er nicht gegen eine Frau antreten. Deshalb nicht, weil noch nie eine Basler Frau Ständerätin war.

Die Wahlen rückten näher, die Bürgerlichen hofften weiter. Aber Jörg Schild holte sie aus ihrem Traum zurück: «Ich kandidiere nicht.» Damit waren die drei Rechtsparteien nun wirklich aufgeschmissen. In ihrer Not einigten sie sich, jede werde mit einem eigenen Kandidaten starten. Damit war die Niederlage halbwegs im Voraus eingestanden. Und Anita Fetz wurde schon im ersten Wahlgang mit rund 27 000 Stimmen gewählt. Das war beim üppigen Kandidatenangebot überraschend – und doch nicht. Der FDP-Parteipräsident beispielsweise erzielte keine 4000 Stimmen.

Das bürgerliche Desaster hat mit den Spenden an Anita Fetz viel zu tun. Für sie machten im Unterstützungskomitee Persönlichkeiten mit, die man wirklich nicht links einreihen kann. «Die Bürgerlichen wollen ja gar nicht gewinnen», meinte ein Unternehmer, «also bleibt nur Frau Fetz. Wir wollen, dass sie mit einer starken Unterstützung nach Bern gehen kann.»

Solche Stimmen gab es viele. Linksbürgerliche wählten Anita Fetz, weil CVP, FDP und LDP von Anfang an eine Verliererstrategie eingeschlagen hatten. Drei statt eine oder einer war zum Scheitern verurteilt.

Der starke politische Sukkurs zahlte sich auch finanziell aus. Wenn schon Fetz, dann auch Spenden für sie. Das Unterstützungskomitee brachte 155 000 Franken von nahezu 400 Spendern zusammen.

Dieter Behring und Karl Schweri

Besonderen Anstoss erregte Dieter Behrings Spende sowie sein Mitmachen im Unterstützungskomitee für Anita Fetz. Seither wird der Financier an den öffentlichen Pranger gestellt, als ob er das Schweizerkreuz besudelt hätte.

Der Bundesrat darf bei den Verhandlungen über die Bilateralen II mit der EU erklären, das Bankgeheimnis sei nicht verhandelbar, um so den reichen Steuerflüchtlingen aus aller Welt weiterhin Asyl zu gewähren, das sie vor den eigenen Finanzbehörden schützt. Die Schweiz hilft offiziell mit, die Steuerbehörden anderer Länder zu unterwandern, indem sie diesen Superreichen ermöglicht, statt Steuern lediglich eine ‹Kurtaxe› zu bezahlen.

Ein privater Financier hingegen, der bisher offenbar erfolgreich genau das tut, was zum Geschäft dieses Finanzplatzes gehört und zum guten Ruf der Schweiz beitragen soll, wird plötzlich wie ein Halunke behandelt und gemieden. Es ist zum Kotzen.

Kurz nachdem ich das geschrieben hatte, kam Dieter Behring in Untersuchungshaft. Ich lasse meine Beurteilung unverändert stehen. Wahrscheinlich habe ich mich getäuscht und der Finanzhändler geschäftete wohl unseriös. Er versprach Renditen, die hätten misstrauisch machen müssen. Nur stellt sich dann die Frage: Warum musste Martin Ebner nie in U-Haft?

In dieser Sache zwei weitere Geständnisse:

1982 tagte die Sozialistische Internationale mit Willy Brandt als Präsident in Basel, das seit langem wieder einmal Gastort war. Es ist üblich, dass die gastgebende Partei die rund 150 Delegierten zum Essen einlädt. Das waren drei Bankette für je 15 000 Franken im Hotel Hilton, Basel. Das Hilton deshalb, weil die Polizei aus Sicherheitsgründen es so wollte, und zweitens, weil das Hilton in Basel einen guten Namen hat.

Aus der Parteikasse konnten wir diese Bankette nicht finanzieren. Das wäre als Verschwendung von Mitgliederbeiträgen angefochten worden. Umgekehrt gab es mir der Stolz auch nicht zu, dass die SP eines reichen Landes als einzige nicht zu Tisch hätte einladen können. Also machte ich mich auf die Betteltour und fand drei Sponsoren für je ein Bankett. Einer, Karl Schweri, ist inzwischen gestorben, deshalb darf ich ihn als Gönner nennen. Er nahm mir ein Bankett ab.

Karl Schweri zum Zweiten:

Die SP hatte die Federführung bei der Abstimmung über die so genannte Kleinbauern-Initiative übernommen. Wiederum sprach ich bei ihm vor, dessen Zuneigung zu den Kleinbauern längst bekannt war. Schliesslich hatte er ihr Sekretariat finanziert. Nach relativ kurzer Aussprache sicherte er für die Abstimmung eine Million Franken zu. Schweri hat nie eine Gegenleistung verlangt.

Ich weiss, das wird immer gesagt und selten geglaubt. Ich kann nur wiederholen: Karl Schweri hat nie eine Gegenleistung verlangt.

Der Mann war grosszügig und fast menschenscheu.

Einmal wurde ich zu den Wiener Festspielwochen eingeladen. Schweri füllte mit seinen Gästen ein Flugzeug. Wir genossen drei herrliche Tage in Wien. Damals war der Sozialist Helmut Zilk Oberbürgermeister. Auch er ein Freund von Schweri. Nach dem Wien-Abstecher flogen wir alle ohne ihn nach Zürich zurück. Sein Sohn sagte mir warum: «Wissen Sie, Vater ist es peinlich, jeden und jede zu verabschieden und hundertmal den Dank entgegenzunehmen. Dem weicht er möglichst aus. Er fliegt morgen mit Mutter allein zurück. Er hat nicht eingeladen, um gönnerhaft Dankbarkeit zu erwarten.»

So viel zum so genannten Spendenskandal. Der eigentliche Skandal, wenn schon, wäre, dass die Parteien Spenden brauchen, um ihren Auftrag zu erfüllen, und dass ihre Kandidaten ebenfalls, vor allem bei einer Majorzwahl, auf Geld angewiesen sind.

Etwas schäbig ist es auch, dass nur dann öffentlich Lärm gemacht wird, wenn SP-Politiker involviert sind. Mag sein, dass ich voreingenommen bin, was ja nicht überraschen dürfte. Aber mich dünkt schon, da werde mit unterschiedlichen Ellen gemessen.

Begegnungen

Keine Schweizer auf der Insel

Es war eine Begegnung der besonderen Art.

Als unser Jüngster etwa fünfjährig war, kehrten Gret, meine Frau, Simon und ich in den ‹Braunen Mutz› ein, eine bekannte Bierbeiz am Barfüsserplatz in Basel.

Alle drei bestellten wir Käseküchlein, dazu ein Getränk.

Wir waren noch keine fünf Minuten am Tisch, da setzte sich ein Mann zu uns und nahm mich sofort in Beschlag.

Das muss den kleinen Simon derart wütend gemacht haben, dass er beschloss, dem Elend ein Ende zu bereiten. Er nahm das noch warme Käseküchlein und drückte es dem fremden Mann ins Gesicht. Als Rache, dass der ihm auch noch am Samstag den Papi wegnahm.

Kinder haben auch Bedürfnisse, das vergessen wir Erwachsenen manchmal.

Während Jahren verbrachten wir die Ferien in Vals.

Wieder einmal waren wir ins Dorf gegangen, um uns in der Confiserie Schnyder zu verwöhnen.

Da legten die Kinder abends eine Statistik vor. Sie hatten Strichlein gemacht, wie oft der Papi im Dorf angeredet worden war, und meinten, so gehe das nicht mehr weiter.

Gret und ich suchten einen Ausweg. Wir brauchten natürlich weiterhin einen Ferienort, aber einen, der uns gefällt und wo es möglichst wenige bis keine Schweizer hat.

Die Wahl fiel auf Bornholm, die dänische Insel in der Ostsee, mit etwa 500 Quadratkilometern Fläche und 45 000 Einwohnern.

Im Hochsommer kommen nochmals so viele Touristen dazu. Mehr sind nicht willkommen.

Seit 1982 verbringen wir nun unsere Ferien regelmässig dort.

Wer meint, im Norden sei es meistens kalt und regnerisch, kennt Bornholm nicht. So richtiges Fotzelwetter hatten wir auf unserer Trauminsel noch nie. Doch: 1984 war es durchzogen, ziemlich oft Regen, Wolken, wenig Sonne. Aber es war das erste und letzte Mal so trüb. Sonst genossen wir durchwegs gutes Wetter, sehr schön bis schön, am Meer immer ein Wind, tagsüber 28 Grad, nachts schläft sichs angenehm kühl.

Die Ufer sind unverbaut, man kann stundenlang dem Meer entlang laufen. In Dueodde ist der Strand breit, es hat Dünen und weissen Sand, der für Sanduhren gebraucht wird. Dann gibt es wieder Stellen mit viel Meertang, der nicht gerade nach Parfüm duftet, sondern etwas aufdringlich riecht. «Den brauchen unsere Möven, die sind das ganze Jahr da, nicht nur ein paar Wochen wie die Touristen», klärte mich ein Bornholmer auf. So sind sie halt, Natur pur.

Ja, das hätte ich ja fast vergessen. Schweizer hat es auf Bornholm nur wenige. Am meisten angetroffen hatten wir mal in unseren vier Wochen: sechzehn. In derart dosierter Zahl sind sie eigentlich ganz passabel …

Mein Doppelgänger

Ich sass an der Theke, las wie üblich die Zeitung, trank einen Espresso dazu, als ein mir unbekannter Mann sich gezielt neben mich setzte. Er wollte ganz offensichtlich mit mir reden.

Das tat er dann auch, auf eine völlig unerwartete Art:

«War es schön auf Rhodos?», fragte er, verdächtig hinterhältig. Wie der wohl auf Rhodos kam, dachte ich und erklärte ihm, ich sei noch gar nie dort gewesen, sondern wisse nur, dass Rhodos eine schöne griechische Insel sein müsse.

«Aber Sie waren doch dort, ich habe Sie ja selber gesehen», behauptete er unbeirrt. «Wenn ich schon dort gewesen wäre, was ginge das ihn an», sagte meine innere Stimme. Und ich wiederholte, er müsse sich täuschen, ich sei wirklich noch nie dort gewesen.

«Ich begreife Sie ja», meinte er, «Sie waren schliesslich nicht mit Ihrer Frau dort, sondern mit einer ‹Blonden›.»

Das war nun wirklich der Gipfel. «Himmelherrgottdonner», bellte ich zurück, «was erlauben Sie sich eigentlich, besser wissen zu wollen, wo ich meine Ferien und dann erst noch mit einer anderen Frau, verbracht haben soll.»

«Ist ja gut, beruhigen Sie sich, es geht mich ja nichts an», meinte er dann, im Tonfall, den man anschlägt, um mit einer kranken Kuh zu reden.

Das Gespräch war sinnlos geworden. Ich spürte genau, der Mann glaubte mir kein Wort. Ich zahlte und ging.

Einen Moment werweisste ich noch, warum dieser Mann diese Rhodosgeschichte aufgetischt hatte. Aber dann vergass ich das Ganze.

Jahre später, im Zug von Bern nach Basel, kehrte das vermeintliche Abenteuer auf Rhodos wieder zurück.

«Ist da noch frei?», fragte ein älterer Mann und nahm Platz.

Wir kamen rasch ins Gespräch. «Wissen Sie, Herr Hubacher, ich habe schon lange gehofft, Sie einmal zu treffen. Nun hat der Zufall uns zusammengebracht. Ich bin nämlich Ihr Doppelgänger.»

Das war ein Hammer. Erstaunt schaute ich ihn an, musterte das Gesicht, die Haare, die Kopfform, die Augen, und fast miteinander stellten wir fest: «Wir gleichen einander wirklich.» Die Ähnlichkeit war sogar frappant. Auch die Grösse stimmte ungefähr.

Mein Gegenüber begann zu erzählen.

Er hatte zwölf Jahre in Südafrika gelebt und war vor gut einem Jahr in die Schweiz zurückgekehrt. «Ich kannte kaum mehr einen Menschen, die alten Bekannten ausgenommen. Wenn man so lange weg ist, wird man im eigenen Land ein Fremder. Aber ich lernte Leute kennen, die mich angesprochen haben und meinten, ich sei der Hubacher.»

Er erzählte Erstaunliches, Interessantes, Glaubhaftes. Der Mann war wirklich oft mit mir verwechselt worden.

Ob das für ihn angenehm oder unangenehm sei, fragte ich ihn.

«Durchaus angenehm. Mit einer Ausnahme: Einmal, abends in Bern, drohten mir drei provokativ auffallende Gestalten, mir den ‹Ranzen› zu verhauen. ‹Damit du als Ausländerfreund die Quittung mal bekommst, verdient hast du sie schon lange›, erklärte mir der eine den Tarif. Worauf ich sofort in die nächst gelegene Beiz eingekehrt bin. – Politiker wie Sie leben gefährlich.» Sichtlich nachdenklich sagte er das.

Nun fiel mir das Rhodos-Intermezzo ein.

«Waren Sie mal auf Rhodos in den Ferien?», erkundigte ich mich. «Ja, warum?» – «Mit Ihrer Partnerin oder Frau?», wollte ich wissen. «Natürlich.» – «Ist sie blond?» «Ja, aber sicher.»

Mein Doppelgänger hatte mir also die Rhodos-Story eingebrockt. Und wir beide konnten herzlich darüber lachen.

Frölich ohne h

Eine Begegnung mit Peter Bichsel bleibt zu erwähnen.

Gret und ich trafen ihn an einer Lesung in der Buchhandlung Jäggi in Basel. Anschliessend stellte er sich für Fragen zur Verfügung.

Da wollte eine Frau wissen, was er dazu sage, wenn er einen Brief bekomme, in dem frölich ohne h geschrieben ist.

Bichsel lächelte verschmitzt in sich hinein, mich dünkte, diese Frage sei ihm wohl zum ersten Mal gestellt worden.

Das störe ihn überhaupt nicht, antwortete er. Mit der Grammatik sei das sowieso wie verhext. Er habe sie nie begriffen. Wenn er seine Manuskripte an eine Redaktion verschicke, habe die eigentlich immer etwas zu korrigieren. Wo er ein Komma setze, brauche sie keines, und wo er eher darauf verzichten würde, müsse eines hin. Bichsel gab zu verstehen, dass es eigentlich unwichtig sei, ob jetzt frölich mit oder ohne h geschrieben werde .

Nachher, beim Apero, bildete Bichsels grammatikalische Schwäche das Gesprächsthema. Wenn schon ein Schriftsteller, ein Sprachprofi also, Mühe mit der Grammatik habe, «dann brauche ich mich wirklich nicht zu genieren», meinte eine resolute Frau. Bichsel war es gelungen, den meisten Anwesenden die Angst vor Schreibfehlern zu nehmen.

Dafür sind sie ihm heute noch dankbar.

Ein Abend mit Egon Krenz

Egon Krenz war der letzte Partei- und Staatschef der DDR (der Deutschen Demokratischen Republik). Er hatte kurz vor deren Ende Erich Honecker abgelöst, der vom Politbüro fünf Minuten nach zwölf abgesetzt worden war.

Am 18. Dezember 2003 war Egon Krenz aus einem Gefängnis in Berlin entlassen worden. Er hatte vier von sechs Jahren Haft abgesessen.

Am 6. Februar 2004 traf ich ihn bei einem Bekannten in Basel, der ihn privat zu sich eingeladen hatte. Nicht etwa ein Schweizer Kommunist, sondern ein Unternehmensberater, der Krenz in Berlin während des Prozesses in einer Verhandlungspause in einem Café kennen gelernt und dann als Häftling etwas betreut hatte.

Am 6. Februar 2004 also sassen wir zu viert fünf Stunden zusammen. Fünf Stunden sind zu wenig, um einen Menschen kennen zu wollen, genügen aber, um Eindrücke zu bekommen.

Ich bereitete mich seriös auf die Aussprache vor, um möglichst viel zu erfahren.

Im Nachfolgenden zitiere ich aus meinen Gesprächsnotizen:

Egon Krenz ist mit seiner Frau da. Seit dem Zusammenbruch der DDR im November 1989, nach dem Fall der Berliner Mauer, ist das seine erste Auslandreise. Krenz wirkt auf mich gelassen, geduldig, vom Typ her nicht der brillante Intellektuelle, sondern der Apparatschick, Funktionär aus Überzeugung.

Krenz hat nach der Wiedervereinigung, wie er erzählt, verschiedene Prozesse durchgemacht. Der längste dauerte 124 Tage und brachte ihm die sechs Jahre Haft ein. Weil er diesen Prozess verlor, werden ihm nun die Gerichtskosten von rund einer Million Euro belastet.

Materiell geht es ihm schlecht. Er ist 1937 geboren und bekommt als Rentner 1064 Euro im Monat ausbezahlt. «Das Haus in Ost-Berlin, das ich seinerzeit für 260 000 Ost-Mark gekauft habe, gehört mir nicht mehr. Ich bin nach der Wiedervereinigung enteignet worden, mit der Begründung, der Erwerb sei nicht rechtens gewesen», erzählt er.

Die Million Euro belasten ihn nicht, «die kann ich sowieso nie zurückzahlen.» Immerhin muss er monatlich einen Amortisationsbeitrag leisten.

«Im Gefängnis sass ich mit Kriminellen, Mördern und Schwerverbrechern zusammen. In diesen vier Jahren bekam ich rund 33 000

Briefe von Sympathisanten, von Genossen die allermeisten, eigentlich wenige von Kritikern.»

Er war der Einzige, der von der DDR-Führungsmannschaft im Gefängnis landete. Ihm wurde der Schiessbefehl angelastet.

Dabei habe das Politbüro der Partei nie einen Schiessbefehl erlassen. Aber nach der DDR-Verfassung seien der Grenzschutz, die Nationale Volksarmee und die Polizei für die Sicherheit des Landes verantwortlich gewesen. Daraus hätten diese Organe abgeleitet, auf flüchtende Menschen schiessen zu können. Als Partei- und Staatschef sei er vor Gericht dafür verantwortlich gemacht worden.

Den Prozess beurteilt Krenz als unfair.

Sämtliche Zeugen der Verteidigung seien abgelehnt worden, darunter sogar Michail Gorbatschow. Was der zu erzählen wisse, sei bekannt, hätten die drei Richter, keiner älter als vierzig, gesagt. Nur Egon Bahr, der Architekt von Willy Brandts Ostpolitik, sei als so genannter ‹Präsenzzeuge› zugelassen worden. Dem sage man so, weil Egon Bahr von sich aus Präsenz markiert habe und dem Gericht mitteilen liess, er stehe als Zeuge zur Verfügung. «Da konnten sie nicht mehr anders.»

Egon Bahr habe, so Krenz, sinngemäss mit dem Vergleich angefangen: «Vor diesem Gericht werden zwei Deutschlandlügen praktiziert. Die eine, dass die DDR ein autonomer Staat und Egon Krenz für das, was an der Mauer geschah, verantwortlich gewesen sei. Die andere, dass die Bundesrepublik ein völlig unabhängiger Staat gewesen sein soll. Dabei standen beide unter ‹Vormundschaft› ihrer grossen ‹Freunde›, der Sowjetunion und der USA.»

Auch bei uns in der Schweiz bewegte sich die politische Rechte auf dieser Linie. Geschäfte mit der DDR waren zwar in Ordnung, politische Kontakte hingegen vom Teufel.

Egon Krenz war auch Vorsitzender der DDR-Wahlkommission. Bei den Wahlen vom 7. Mai 1989, also ein halbes Jahr vor dem Zusammenbruch, habe er ein Wahlergebnis von über 99 Prozent Zustimmung verkündet.

Da habe sich das Regime doch selber etwas vorgetäuscht, das kaum mehr ein Mensch geglaubt hat, frage ich. Krenz gibt zu, auch diese Wahlen manipuliert zu haben. Warum? «In der Hoffnung, wir werden es schaffen.»

«War nicht auch die offizielle Version, in der DDR gebe es keine Arbeitslosigkeit, eine statistische Lüge?», frage ich. «Wir wollten lieber die Arbeit subventionieren statt die Arbeitslosigkeit. Aber leider haben Partei und Gewerkschaften es nicht geschafft, den Arbeitern das Gefühl zu vermitteln, Eigentümer der Betriebe zu sein», so Krenz.

Zur Ausweisung von Wolf Biermann meint er, das sei ein grosser Fehler gewesen. «Erich Honecker hat die Sache unterschätzt und konnte nicht mehr zurück. Mit Biermanns Ausweisung setzte ein Aderlass von Künstlern und Intellektuellen ein, der für die DDR ein schmerzhafter Substanzverlust wurde. Wichtige Mitdenker sind so verbannt worden.»

Auf die Wirtschaft der DDR angesprochen, gibt Krenz zu bedenken, die DDR habe für den verlorenen Krieg von Hitler-Deutschland eigentlich die vollen Reparationsleistungen an die Sowjetunion leisten müssen, während die Bundesrepublik mit dem Marshallplan der USA viele Milliarden Mark als Starthilfe bekommen habe.

«So schwach waren wir wirtschaftlich gar nicht», meint Krenz. «Schliesslich hatten wir nach der Sowjetunion die stärkste Wirtschaft im Ostblock. Unsere Exporte gingen fast nur in den Osten, und bezahlt wurde nach dem Prinzip ‹Sowjetöl gegen DDR-Waren›.

Damit ging die technische Entwicklung auf dem Weltmarkt an uns vorbei.»

Trotzdem hält Krenz fest, «zu behaupten, die ganze DDR-Wirtschaft sei marod gewesen und habe nach der Wiedervereinigung keine Chance gehabt, stimmt nicht. Es wurden auch Betriebe eliminiert, die durchaus konkurrenzfähig gewesen wären. Wirtschaftlich ist die DDR von den Konzernen der Bundesrepublik kolonialisiert worden.»

Noch eine Bemerkung von ihm: «Nach Angaben der Deutschen Bundesbank hatte die DDR am Schluss lediglich zehn Milliarden Euro Auslandschulden. Wir standen also nicht vor dem Konkurs.»

Auf die Frage, wie und ob im Politbüro überhaupt diskutiert wurde, meint Krenz, das sei unterschiedlich gewesen. «Unter Walter Ulbricht, dem Vorgänger von Erich Honecker, ist diskutiert und hart um Entscheidungen gerungen worden. Bei Honecker nicht mehr. Da wurde nicht diskutiert, dafür zu viel administriert.»

«Als in Leipzig, Dresden und in anderen Städten die Protestdemonstrationen immer grösseren Zulauf bekamen und ‹Wir sind das Volk!› skandiert wurde, haben Sie da gewusst, es geht dem Ende entgegen, und stimmt es, dass Sie den Befehl erteilten, keine Gewalt anzuwenden?», so meine Frage.

Krenz: «Ja, das ist so. Honecker war zu dieser Zeit bereits entmachtet. Ich bin der Überzeugung, ein Sozialist lässt nicht auf demonstrierende Menschen schiessen. Ich wollte, wenn das System schon untergehen muss, wenigstens kein Blutbad anrichten. Damit habe ich einen Türspalt offen gelassen, um dem Sozialismus vielleicht später einmal wieder eine Chance zu lassen. Hätten wir den Volksaufstand mit Gewalt niedergewalzt, die Mittel hätten wir gehabt, wäre Schande über uns und über die DDR gekommen. Deshalb habe ich den Befehl herausgegeben, keine Gewalt anzuwenden.»

Interessant ist, wie Krenz die Ostpolitik des Westens beurteilt.

Wir erinnern uns, als sie von Willy Brandt, zusammen mit Egon Bahr, lanciert wurde, wie CDU/CSU sie als Verrat an Deutschland mit allen verbalen Mitteln bekämpften.

Helmut Schmidt habe, sage ich zu Krenz, vor einiger Zeit gesagt, die Ostpolitik sei für die DDR Gift gewesen, ohne sie hätte die DDR länger durchgehalten.

Krenz: «Ja, Schmidt hat Recht. Die Entspannungspolitik von Willy Brandt, fortgesetzt von Helmut Kohl, hat uns geschadet. Sie war eine Art Eroberungspolitik auf Samtpfoten, unter dem sympathischen Begriff Entspannung und Versöhnung. Am Schluss war dann noch Gorbatschow. Er wollte die Sowjetunion zerstören, da kam ihm die Entspannungspolitik gelegen.»

«Günter Schabowski war ein führendes Mitglied des Politbüros, sagt aber jetzt: ‹Der DDR-Sozialismus war für die Menschen zum Davonlaufen.›»

Darauf Krenz: «Der tut, als ob er nie im Politbüro gewesen wäre und keine Mitverantwortung zu übernehmen hätte.»

Gemessen am Genossen Schabowski ist Egon Krenz kein Wendehals, er steht zur Idee der DDR und sagt, untergegangen sei nicht die sozialistische Idee, sondern ein von der Sowjetunion aufgenötigtes Modell.

So weit die Zusammenfassung meiner Gesprächsnotizen.

Krenz gesteht Fehler ein, aber doch eher mit dem Weichspüler.

Wenn man bedenkt, wie viele hundert Milliarden Euro seit der Wiedervereinigung in die alte DDR geflossen sind, ist der Zustand der DDR-Wirtschaft von Egon Krenz sicherlich schöngeredet worden. Aber er ist kein politischer Windhund, der sämtliche Spuren verwischt. «Ich kann und will mein Leben nicht verleugnen», so seine Worte.

Dass er den Befehl erteilte, keine Gewalt anzuwenden, als sich das Volk gegen das kommunistische Regime erhob, darf man als Grösse anerkennen. Es braucht oft mehr Mut zur ‹Schwäche›, als in kritischen Situationen Stärke zu beweisen.

Die Begegnung mit dem letzten DDR-Machthaber, war durchaus ein Erlebnis.

«Wir sind das Volk!»

Vor vielen Jahren hatte ich eine Begegnung mit einem Volksgenossen von Krenz, einem Bauarbeiter.

Es war im Sommer 1998. Wir waren von Bornholm über Sassnitz, Rügen nach Hamburg unterwegs, um dort, wie immer, das Auto nach Lörrach auf die Bahn zu verladen.

In Wismar, in der ehemaligen DDR, zwischen Rostock und Hamburg, übernachteten wir.

Am nächsten Morgen war ich früh unterwegs und suchte einen Kiosk. Eine Papeterie am Ort verkaufte Zeitungen, und ein etwa 60-jähriger Mann mit verwittertem Gesicht bediente mich. Ziemlich mürrisch, das Gegenteil von gesprächig, nahm er das Geld. Erst als ich bemerkte, ich käme aus der Schweiz, wurde es noch richtig interessant.

Er sei, vernahm ich, in der DDR Bauarbeiter gewesen und habe nach der Wende dieses Haus und den Laden von den Eltern übernommen. «Schauen Sie das Haus an, es ist gut erhalten. Als Bauarbeiter sorgte ich natürlich für den ordentlichen Unterhalt. Das war ja die grosse Misere in der DDR. Sie stampften Häuser wie Pilze aus dem Boden und liessen sie schnell verfallen, weil das Geld für den Unterhalt fehlte.»

Heute werde in Wismar nachgeholt, was in der DDR versäumt wurde. «Wenigstens stehen die Häuser noch und können instand gestellt werden. Ihr im Westen habt ja fast alles abgerissen und neu gebaut! Wismar hingegen kommt in alter Schönheit zurück.»

Als Bauarbeiter, erzählte er, habe er in der DDR nicht grossartig gelebt, aber auch nicht schlecht. «Gut, reisen durften wir nur in die anderen kommunistischen Länder, nicht in den Westen. Dafür hatten wir soziale Sicherheit, keine Arbeitslosen, keine Probleme bei Krankheit, genug zu essen. Aber, das war mir klar, dieses Regime konnte nicht überleben, die planwirtschaftliche Bürokratie auf allen Ebenen funktionierte schlecht bis gar nicht. So gerieten wir wirtschaftlich immer mehr ins Hintertreffen. – Aber heute, nach der Wende», fuhr er fort, «finden sich viele von uns nicht mehr zurecht. In der DDR hat man einander geholfen, wenn du krank warst, Geldsorgen oder andere Probleme hattest, niemand ist fallen gelassen worden. Heute, in dieser Ellenbogengesellschaft, kannst du verrecken.»

Das Schlimmste sei die Arbeitslosigkeit. Die Jungen würden weggehen, zurück blieben die Alten. «Ich fühle mich nicht wiedervereinigt, sondern kolonialisiert. Die DDR ist von der Bundesrepublik übernommen worden, nichts, auch das Wenige, was gut war, ist von der DDR geblieben.»

Ich verliess die Papeterie etwas nachdenklicher, als ich sie betreten hatte.

Deutschland hat seit der Wiedervereinigung über eine Billion Euro, das sind tausend Milliarden, in die frühere DDR investiert. Das geht vorläufig so weiter. Gleichwohl gehen die Leute auf die Strasse und demonstrieren gegen die Regierung in Berlin.

Die neuen Bundesländer, die alte DDR also, bekommen eine topmoderne öffentliche Infrastruktur. Zugleich liegt die Arbeitslosenquote bei 20 und mehr Prozent. Man muss sich das mal vorstellen!

Und nun muss der deutsche Sozialstaat auch noch Leistungen abbauen. Ausgerechnet unter der rot-grünen Regierung. Weil Bundeskanzler Gerhard Schröder erklärt, der heutige Sozialstaat sei nicht mehr finanzierbar. «Und wenn wir nichts tun, geht er kaputt.»

In Leipzig und vielen anderen Städten im Osten Deutschlands haben im Juli-August 2004 die Montagsdemonstrationen als Protest gegen Hartz IV, Kennwort für Leistungsabbau, angefangen. Wieder heisst es: «Wir sind das Volk!», wie vor 15 Jahren.

Die DDR-Bevölkerung ist von einer Art geschützten Werkstatt auf die freie Wildbahn der Marktwirtschaft gejagt worden. Viele schaffen das neue Tempo nicht, vielen wurde der Arbeitsplatz weggenommen, nun melden sie sich auf der Strasse zurück: «Wir sind das Volk!» Viele blieben auf der Strecke.

Das zumindest stimmt. Keine Regierung kann sich ein anderes Volk aussuchen.

Kinderstunde im Beyeler-Museum

Jose Samarago, Nobelpreisträger für Literatur, hat geschrieben: «Der weiseste Mensch, den ich in meinem ganzen Leben kannte, konnte weder lesen noch schreiben.» Das Zitat passt gut zur letzten Begegnung, über die ich berichte.

Ich kenne Leute, die haben in jeder Stadt, die sie bereisen, sämtliche Museen im Programm. Dazu gehöre ich nicht. Ich bin kein typischer Museumsbesucher. Aber das Beyeler-Museum in Riehen bei Basel ist etwas Besonderes.

Im Sommer 2003 wurde die Ausstellung ‹Expressiv!› gezeigt, 200 Bilder von 60 Künstlern, darunter Leihgaben aus aller Welt. Dieses Angebot wollte ich mir nicht entgehen lassen.

Obschon Politik angeblich damit zu tun haben soll, schreibe ich jetzt nicht auch noch über Kunst. Wenn, dann höchstens über abstrakte, denn in Sachen Kunst verlasse ich mich eher auf Daniel Keel, Verleger, der sagt: «Gute Kunst ist für mich, was mir gefällt.»

Item. Mein Rundgang im Beyeler-Museum verlief anders, als ich ihn mir vorgestellt hatte. Zuerst stiess ich auf eine Gruppe Gymnasiasten. Die einen hörten den Ausführungen des Begleiters einigermassen interessiert zu. Andere, und das war die Mehrzahl, demonstrierten schamlos ihr Desinteresse.

Dann jedoch wurde es spannend.

Plötzlich stand ich neben einer grossen Kinderschar. 4- bis 5-Jährige aus dem Kindergarten, wie ich erfuhr. Ich zählte 30 Buben und Mädchen. Alle sassen am Boden vor einem Picasso-Bild: ‹Femme au fauteuil rouge›.

Christoph Vitali, der Museumsdirektor, schreibt im Ausstellungskatalog, Picasso sei das einzige malende Genie gewesen. Um Himmels willen! Genies sind anspruchsvoll, was sollen Kinder mit einem Picasso anfangen?

So dumm kann nur ein Erwachsener fragen, der am Sonntagabend die Sendung ‹Looping› von Radio DRS 1 ‹für Chinder und anderi gschydi Lüt› noch nie gehört hat.

Denn was ich nun hörte und sah, erstaunte mich sehr.

Ich sah nicht mehr die Bilder an, sondern schaute den Kleinen aus dem Kindergarten fasziniert zu.

Sie waren um den Ausstellungsführer, der sich Kunstbegleiter nennt, versammelt, stellten ihm Fragen über Fragen und machten überraschende Entdeckungen. Der eine konnte vor lauter Aufregung, als er dann endlich das Wort bekam, kaum mehr reden. Und die Stimme eines Mädchens überschlug sich, weil es zwei Beobachtungen gleichzeitig loswerden wollte.

Fazit:

Wer meint, Fünfjährige könnten mit einem Picasso-Bild nichts anfangen, täuscht sich. Kinder sind blendende Beobachter, haben eine ungenutzte Intelligenz und eine unverdorbene Fantasie. Kinderaugen schlagen Expertenhalbwissen, kindliches Vorstellungsvermögen ersetzt Sachverstand. Es war schlicht phänomenal, was die Kinder aus dem Frauenbild an gescheiten Erkenntnissen herausholten.

Ich fuhr vom Museum beglückt in die Stadt. Zugleich auch nachdenklich.

Kleinkinder verfügen über ein unglaubliches Potenzial an Lernfähigkeit. Vieles, zu vieles wohl, wird auf dem Weg zum Erwachsensein verschüttet.

Der frühere Zürcher Erziehungsdirektor Ernst Buschor hat wohl Recht: «Man kann mit Lernen nicht früh genug beginnen.»

Und wenn es denn Früh-Englisch sein muss.

Im Beyeler-Museum habe ich eine – auch für Erwachsene – bezaubernde Kinderstunde erlebt.

Epilog
Der Tanz um die schöne Konkordanz

Konkordanz wird im ‹Duden› als ‹Übereinstimmung› definiert. Unser Regierungssystem basiert auf der Konkordanz. Vier Parteien, die eben gerade nicht miteinander übereinstimmen, bilden den Bundesrat. Gleichwohl reden wir vom Konkordanzsystem.

Politische Konkordanz ist eine schweizerische Erfindung. Wie soll man sie einem Aussenstehenden erklären? Wohl am ehesten mit dem Begriff ‹Pakt der Vernunft›. Beteiligt daran sind die vier stärksten Parteien des Landes. Sie mögen sich zwar nicht besonders. Aber sie brauchen einander. Keine wäre imstande, allein zu regieren.

Die Konkordanz ist das Pendant zur Referendumsdemokratie. Oder, wie wir auch sagen, zur direkten Demokratie. Weil vier Parteien in der Regierung sind, gibt es im Parlament keine auch nur annähernd ebenbürtige Opposition. Diese Rolle hat der Souverän übernommen.

In jeder Jahreszeit wird abgestimmt. Über Vorlagen, gegen die das Referendum ergriffen wurde. Oder bei denen das Stimmvolk gemäss Verfassung automatisch das letzte Wort hat.

Die besten Chancen hat ein ausgewogener Kompromiss. Ein guter Kompromiss also. Was braucht es dazu? Über den Daumen gepeilt gilt der Grundsatz: Ein guter Kompromiss ist, wenn alle Beteiligten weder ganz zufrieden noch ganz unzufrieden sind. Man sagt dem die mittlere Unzufriedenheit. Keiner hat alles bekommen. Und keiner hat alles verloren.

In einer Konkordanzregierung sollen alle relevanten gesellschaftspolitischen Kräfte an der politischen Macht teilhaben können. Das ist in der Gemeinde und im Kanton nicht anders. Wo eine Partei oder Gruppierung ‹Freier Bürger› ein paar Prozente Wähleranteil verbucht, will sie in der Exekutive vertreten sein. Zwar ist die Legislative, das Parlament also, oberster Gesetzgeber. Politik aber wird in der Exekutive gemacht. Das ist der Gemeinderat, Regierungsrat, Bundesrat. Deren Mitglieder sind die Profis. Die Parlamentarier sind Milizpolitiker. ‹Amateure› also.

Die Konkordanz schliesst Extrempositionen aus. Die Lösung liegt zwischen den Extremen.

Ist nichts mehr sicher heute?

Das Konkordanzmodell ist eine Erfolgsstory. Oder muss man sagen, war?

Die Konkordanz brachte politische Stabilität und soziale Solidität. Diese Begriffe passen kaum mehr zur heutigen Gesellschaft und Wirtschaft. Nichts ist mehr sicher. Weder der Arbeitsplatz, die Lehrstelle, die AHV noch die 2. Säule. Auf den Arbeitsämtern melden sich nicht ‹nur› Beschäftigte aus den unteren Lohnkategorien arbeitslos. Zunehmend auch mittlere und obere Kaderleute. Je höher sie standen, desto härter sind sie gefallen.

Psychiater und Psychologen haben volle Wartezimmer. Arbeitslos zu werden ist in unserer Gesellschaft ein Makel. Wie eine ansteckende Krankheit. Bekannte und vermeintliche Freunde wenden sich plötzlich ab. «Einige wechseln sogar das Trottoir, wenn sie mich von weitem sehen», erzählte ein enttäuschter Manager.

Eine Kündigung ist hart. Wie sie vollzogen wird, ist zu allem Elend oft auch noch unglaublich demütigend. Wenn beispielsweise nach

23 Dienstjahren das Büro innert einer Stunde geräumt werden muss. So jagt man, heisst es im Volksmund, höchstens einen Hund davon. Aber solche Horrorgeschichten häufen sich.

Auf dem Finanzplatz Schweiz müssten in den nächsten Jahren gegen 20 000 Arbeitsplätze abgebaut werden. Das sind die Prognosen aus den Chefetagen. 10 000 Stellen soll allein die Agglomeration Zürich verlieren.

In der Wirtschaft zählen die Rendite, der Aktienkurs, die Umsatzsteigerung. An der Börse werden Firmen gehandelt wie Auto-Occasionen. Den besten Erlös bringt, wer am meisten Arbeitsplätze vernichtet hat. Das spart Lohnkosten. Beschäftigte werden zum ‹Unkostenfaktor›. Und ‹Wertschöpfung› wird in Managerkreisen ganz gross geredet. Wertschätzung der Menschen hingegen nicht.

So sieht vielfach die Arbeitswelt aus. Ich hingegen befasse mich mit dem Konkordanzsystem. Ist das nicht völlig daneben?

Chinesische Löhne, amerikanische Gewinne

Ich schalte die ‹Tagesschau› ein. Immer das Gleiche. An die Anschläge im Irak habe ich mich gewöhnt. Wie an die Wetterprognosen von Meteo. Das Flüchtlingselend im Sudan ist hoffnungslose Routine. Und das Gesicht von Bush vermag mich auch nicht glücklicher zu machen.

Dann wird Neues berichtet.

Eine Heuschreckenplage in Algerien. In wenigen Stunden ist alles ratzekahl gefressen, was hätte geerntet werden sollen. Im Norden von Afrika sind bereits 6,5 Millionen Hektaren vernichtet worden.

Das ist die anderthalbfache Fläche der Schweiz. Und die Heuschrecken ziehen weiter.

In Bangladesch stehen zwei Drittel des Landes unter Wasser. 30 Millionen Menschen sind obdachlos. Weitere Überschwemmungen werden befürchtet.

Wenn wir lediglich diese zwei Meldungen mit dem vergleichen, was uns in der Schweiz beschäftigt, wird es absurd. Über was klagen wir eigentlich?

Wir leben nicht in Bangladesch, nicht in Algerien, nicht im Irak. Wir leben in einem der reichsten Länder der Welt.

Aber die Mächtigen sind gerade dabei, uns ‹Gewöhnlichen› den Wohlstand auszutreiben. Sie schwärmen von chinesischen Löhnen und amerikanischen Gewinnen. Das sind unsere Probleme. Und die sind nicht nichts.

Die Systemveränderer sitzen in den Gremien von Economiesuisse. Dem grössten Wirtschaftsverband also. Die Bosse der Welt AG sind hier dabei. Sie schlafen in Zürich, beim Mittagessen sitzen sie mit einem Geschäftspartner in New York, am nächsten Tag dinieren sie in Tokio. Diese geschäftstüchtigen Mordskerle sollen noch Zeit für die Sorgen von Herrn und Frau Schweizer haben? Womöglich sich noch mit ihnen herumschlagen? «Die haben doch keine Sorgen!», höre ich von hoch oben. «Denen geht es gut. Sie wissen gar nicht, wie gut!» Wer in einer so abgehobenen Welt herumdüst, hat die reale helvetische Wirklichkeit aus den Augen verloren.

Diese Herrschaften wissen nur eines: Die Schweiz ist noch immer nicht stromlinienförmig an die globalisierte amerikanische Businesswelt angepasst worden. Es gehe, klagen die Ungeduldigen, alles viel zu lange. FDP-Nationalrat Otto Ineichen schreibt nach drei Sessionen bereits ein Buch. Im Bundeshaus könne man nichts erreichen, knurrt er in die Kamera. Eigentlich hat er schon genug von der Bundespolitik. Aber er will dennoch die drei Jahre bis zum bitteren Legislaturende bleiben. Wohl um sich zu ärgern. Das soll gut sein für den Blutkreislauf.

Auch Blochers Fehldiagnose, die Schweiz sei in den letzten Jahren von einer Mitte-Links-Regierung geführt worden, ist boshafte Desinformation. Weil das Konkordanzsystem widerstandsfähig ist gegen seine Pläne? Weil CVP und FDP gleichgeschaltet und die SP ausgeschaltet werden sollten? Ja. Dann könnte es rasant vorangehen mit der sukzessiven Entmachtung des Staates. Speziell im Sozial- und Gesellschaftsbereich. Konkurrenz brauche es statt Konkordanz.

Das wäre die klare Trennung der Funktionen. Die einen regieren. Die anderen opponieren. Das schaffe klare Verhältnisse. Man wisse, wer Koch und wer Kellner sei. Wer die politische Verantwortung trage. Die Opposition habe dann die Chance, es besser zu machen. Nach einem Machtwechsel.

Das Hickhack in Berlin zwischen Rot-Grün und CDU/CSU macht nicht gerade Appetit auf diese Trennkost. Die Opposition verfügt in der zweiten Kammer, dem Bundesrat, über die Mehrheit. Und blockiert damit die Regierung. Unter Helmut Kohl als Bundeskanzler praktizierte im Übrigen die SPD die gleiche Politik.

Nur ist die Schweiz anders strukturiert. Das Parlament entscheidet nicht abschliessend. Das letzte Wort hat der Souverän. Deshalb ist die Konkordanz- oder Allparteienregierung entstanden. Als das kleinere Übel. Weil eine nicht genügend abgestütze Regierung bei der Volksabstimmung zu wenig Rückhalt hätte.

Das Konkurrenzmodell nach System B (Blocher) sollte verschleiern, was gemeint ist: Raus mit der SP aus dem Bundesrat.

Ich frage: Warum eigentlich nicht? Zumal es in der SP immer eine Minderheit gegeben hat, die ständig Sehnsucht nach den harten Oppositionsbänken verspürt. Nur: Dieser Sozialstaat ist nicht von der Opposition geschaffen worden. Die SP hat im Bundesrat massgeblich mitgeholfen, ihn auf- und auszubauen.

Fazit?

Ohne Not geben wir Bewährtes nicht auf. Es brauchte schon viel, die Sitzverteilung im Bundesrat, die ‹Zauberformel› also, den Wahlergebnissen anzupassen.

Eine Systemänderung hätte erst eine Chance, wenn die Konkordanz wirklich am Ende wäre. Wenn sich die Bundesratsparteien gegenseitig nur noch blockierten. Wenn das Gemeinsame im Eimer läge.

Grenzen des Sozialstaats

2002 haben Bund, Kantone und Gemeinden für die soziale Sicherheit rund 27 Milliarden Franken ausgegeben. Der Betrag wird in den nächsten Jahren ansteigen. Davon gehen Fachleute aus.

In Basel stieg die Zahl der Sozialhilfeempfänger in einem Jahr um 17 Prozent. Eine Untersuchung des Schweizerischen Städteverbandes hat Erschreckendes ergeben: Jeder Zehnte in der Schweiz bezieht Sozialhilfe. Irgendwann stossen die Städte an ihre finanziellen Grenzen. Da liegt das Problem: Wo liegen die Grenzen des Sozialstaats?

Beat Kappeler, ehemaliger Sekretär des Schweizerischen Gewerkschaftsbundes, schreckt vor harten Einschnitten nicht zurück. Er verlangt, dass die Sozialhilfe bei jenen, die nicht arbeiten, auf das «absolute Existenzminimum» reduziert werde.

Für Linke tönt das unerbittlich ungerecht. Kappeler hat schon immer scharfzüngig formuliert. Was hingegen auch nicht mehr geht, ist, sich auf das bedingungslose Verteidigen des Status quo einzurichten. Das geht schon deshalb nicht, weil die ökonomischen und finanziellen Rahmenbedingungen nicht mehr die der fünfziger und sechziger Jahre sind.

Soll das Konkordanzsystem unter erschwerten Bedingungen funktionieren, müssten im Prinzip alle vier eingebundenen Parteien offen für Neues sein. Die Polarisierung zwischen SVP und SP hat zweifellos ihren Unterhaltungswert. Sinn der Konkordanz jedoch ist es, Politik nicht unversöhnlich zu machen. Sie lösungsorientiert zu betreiben. Jede der vier Bundesratsparteien sollte konsensfähig sein. Nicht um jeden Preis natürlich. Aber ebenso wenig um keinen Preis.

Namhafte Kritiker halten das Konkordanzsystem für überholt. Weil zu schwerfällig, zu ineffizient, zu aufwendig. Das Land sei nicht mehr regierbar, heisst es. Es stecke in der Demokratiefalle, wird beklagt. Was soll das heissen? Zu viele Volksabstimmungen, Referenden und zu wenig Konzentration der politischen Macht auf den Bundesrat.

Daran mag etwas sein. Nur: Die Bundesverfassung müsste entsprechend angepasst werden. Woher käme die Mehrheit, die dem Stimmvolk weniger Rechte zugestehen möchte? Die Mehrheit der Stimmberechtigten oder, besser gesagt, der Stimmenden müsste dem zustimmen. Müsste sich politisch ‹kastrieren›. Daran scheitern doch die vielen gescheiten und teils eitlen Vorschläge.

Es ist eben enorm schwierig bis unmöglich, die so genannte Verwesentlichung der Demokratie mehrheitsfähig zu machen. Vielleicht wird das dereinst im Zusammenhang mit dem Beitritt in die EU ändern. Ohne Druck von aussen passiert nichts. Die Schweiz ist nicht übertrieben reformfreudig, dennoch anpassungsfähig. Wenn es sein muss. Wenn es nicht mehr anders geht. So war es immer.

Das Konkordanzsystem muss seit dem Rechtsrutsch vom 10. Dezember 2003 eine zusätzliche Belastung aushalten. Die heisst Christoph Blocher. Wird er den Konsensrahmen sprengen? Natürlich will er. Aber er ist einer von sieben. Vielleicht ist die normative Kraft des Faktischen stärker als der SVP-Mann. Abgerechnet wird sowieso erst im Dezember 2007.

Das Regieren im globalisierten Zeitalter ist schwieriger geworden. Vieles wird nicht mehr in Bern entschieden, sondern in Brüssel, Washington, Peking oder wo immer. Dennoch verdient der neue Bundesrat nach dem Rechtsrutsch eine Chance. Wir haben keinen anderen. Wir haben auch keine anderen Parteien. Und kein anderes Volk. Der Bundesrat soll ruhig um Lösungen streiten.

Was wir nicht goutieren, ist öffentliches Gezänk. Das hat die Konkordanz nicht verdient.

Glaubwürdige Politik

Hubachers letztes grösseres Buch war ‹Tatort Bundeshaus›. Im 1994 erschienenen Buch erzählt ‹Kommissar› Helmut Hubacher von seinen Erlebnissen als Nationalrat und Präsident der SP Schweiz. Er figurierte damit monatelang in der Schweizer Bestsellerliste, lange als Nummer eins der Sachbücher. *sda*

Nach der Lektüre ist man tatsächlich geneigt, Hubachers Buch auf die Bestsellerliste zu setzen. Der Autor schreibt keine Memoiren. Er versucht, schweizerische Politik darzustellen, Hintergründe und Zusammenhänge aufzuzeigen, aus seiner Optik, mit seiner Erfahrung.

Als Journalist hat er gelernt zu recherchieren, was ihm auch als Politiker zugute kommt; Journalismus sei seine beste politische Lehre gewesen. «Die Fakten sollten stimmen.» Nicht weniger wichtig ist seine Fähigkeit, auch komplizierte Sachverhalte begreiflich zu beschreiben. An Beispielen ist er nicht verlegen.

Die journalistische Feder spürt der Leser auf Schritt und Tritt. Die Bundeshaus-‹Mechanik› wird nicht abstrakt abgehandelt.

Als Politiker sucht er das Gespräch, auch im Ausland. Daran lässt er seine Leser teilnehmen, zum Beispiel, was er über «Gnägis grotesken Haarbefehl» vom schwedischen Verteidigungsminister erfahren hatte. – Ernsthafter hört sich die ‹Florida›- Beichte eines Divisionärs in der Seilbahn oder die Funkstille um das Funkgerät an.

Eine andere Story: Schmiergelder als normales Schmiermittel. Dazu wird der frühere Direktionspräsident der Schweizerischen Nationalbank, Fritz Leutwiler, zitiert, der «nach allen Erfahrungen eines langen Berufslebens» mit Bedauern erkennen muss, dass Geld- und Machtgier mit zunehmendem Reichtum nicht etwa nachlassen, sondern sich oft bis zur Perversion verstärken.

Gewissermassen das Herzstück des Buches bilden die ‹Begegnungen›. Besonders eindrücklich ist das Porträt von Peter Bichsel. Als Schriftsteller und persönlicher Sekretär bildete er mit Bundesrat Ritschard einen einmaligen Braintrust. «Zwei bedeutende Männer im kreativen Disput, ein Glücksfall für die Schweiz.»

Der Verfasser dieser Schrift ist unschwer als homo politicus zu erkennen. Leidenschaftlich kämpft er gegen mafiose Machenschaften, deckt Konflikte auf, die er selber ausgetragen hat, nennt Dinge und Personen beim Namen.

Mit Verharmlosungsstrategien lässt sich die Zukunft nicht bewältigen. Glaubwürdige Politik ist anspruchsvoll; Leerformeln bieten keine Orientierung. Anders formuliert: Parteien können sich nicht mehr damit trösten, dass, «wer im Seichten badet, wenigstens nicht ertrinken kann.» *Pius Bischofberger, VOP*

Ernste Worte des Altmeisters

Hubachers erster Streich ‹Tatort Bundeshaus› war zum Lesen vergnüglicher, enthielt mehr Anekdoten und öffnete einige Gucklöcher in die Hinterzimmer der Politik. Im nun vorliegenden ‹Wohlfahrt oder Talfahrt› kommt der Voyeurismus kaum auf seine Rechnung. Der Altmeister der Schweizer Sozialdemokratie erzählt zwar im ersten Kapitel einige Müsterchen von Begegnungen mit BürgerInnen und bekennt sich im letzten Kapitel zu einigen persönlichen Fehlern. Diese beiden Kapitel machen indes nicht die Substanz des Buches aus. Ein Buch, das ich im Übrigen – obwohl es sich weniger süffig liest als das erste – für das historisch wertvollere und wichtigere halte. Hubacher setzt sich sehr politisch aus heutiger Sicht mit dem drohenden Abbau des Sozialstaates auseinander.

Gleichzeitig zeigt er die Wurzeln und die Grundhaltung der SP der letzten 40 Jahre auf. Hubacher bekennt sich zum Kompromiss, wehrt sich indes dezidiert gegen faule Händel. Er zeichnet ohne falsche Illusionen auf, wie die Sozialpartnerschaft entstand, anerkennt die Vorteile, findet den Weg, dass die Unternehmer auf den maximalen Profit und die Gewerkschaft auf den maximalen Lohn verzichten, gangbar – ohne die Schweizer Realität der letzten Jahre schönzuschreiben. Zu sehr weiss er, dass nur der ausgetrocknete Arbeitsmarkt dies ermöglichte, und zu sehr ist ihm bewusst, dass die ausgehandelten Löhne so grossartig nun auch wieder nicht waren und dass in der Schweiz die Einkommens- und Vermögensunterschiede immer grösser als anderswo waren.

Hubacher verdammt auch die Globalisierung nicht einfach in Grund und Boden. Dass die Länder Südostasiens von den Multis Standorte im eigenen Land verlangen, kann er nachvollziehen. Ihm fehlt indes das Verständnis für die billigen Transporte, die die unsinnige Globalisierung erst ermöglichen, und vor allem fehlt ihm jedes Verständnis für jene Oberschicht, die die Globalisierung nun zum Anlass nimmt, frühkapitalistische Verhältnisse wieder einzuführen, und noch weniger versteht er die gegenwärtige FDP, die ideenlos den Staat demoliert, ihn auf die Rolle des Nachtwächterstaates reduzieren will.

Für Hubacher ist der Sozialstaat zwar wandelbar, aber unverzichtbar. Auch ökonomisch, da die Schweizer Wirtschaft auf den Binnenmarkt angewiesen ist und der Wohlstand auch auf der Konsumkraft der Bevölkerung beruht.

Das Buch ist eine Kampfansage und beinhaltet den unbedingten Willen, für die ‹kleinen Leute› zu streiten, und die Zuversicht, dass Partei und Gewerkschaft die Konfrontation aufnehmen.

Das Faszinierende aber ist die Kombination von Erfahrung und Aktualität. Da schreibt einer, der vieles sah, sich in etlichen Gebieten ein grosses Sachwissen erwarb und gerne davon erzählt. Aber eben auch einer, der noch ganz im Heute lebt.

Wer den Grundgehalt der Politik der schweizerischen Sozialdemokratie leicht verständlich, angriffig, selbstbewusst wieder einmal rein erleben will, kommt hier auf die Rechnung.

Koni Loepfe, DAZ